新初等教育原理

―改訂版―

Masaharu Sasaki

佐々木正治

［編著］

［著］

岡谷英明

小林万里子

三時眞貴子

梶井一暁

田代高章

福田敦志

上寺康司

伊藤一統

清國祐二

松原勝敏

赤木恒雄

高橋正司

平田仁胤

大矢一人

福村出版

は じ め に

　初等教育は，中等教育や高等教育のように就職に直結する職業教育や専門教育を行っているわけではない。このため社会から打ち寄せる波の音を遠くに聞きがちであった。ところが今日，グローバル化，高度情報化，多文化化，産業の流動化などの社会の荒波は高まり，世界各地の情報が学校の垣根を越えて子どもたちを直撃するありさまである。

　グローバル化は，知識産業（基盤）社会ではあらたな価値ある知識の創造を求めて，OECD の PISA 型学力やキー・コンピテンシーを凌ぐわが国独自の学力とは何か，急変し先行き不透明な社会を生き抜くために「生きる力」の次なるあらたな資質・能力とは何かを厳しく問いかけている。

　一方，高度情報化は，認識の変容をもたらし価値観を多様化させ，通学の意義不信，不登校問題，学ぶ意欲や規範意識の低下，ネットいじめなどさまざまな問題を引き起こし，それらの十全な解決の暇さえ与えない。

　初等教育は，こうした教育実践に直接かかわる問題だけでなく，教育システムや教育行政にかかわる改革論議にも直面している。いわゆる小1プロブレムや中1ギャップは幼保小の連携，小中の連携といったシステムの接続問題を浮上させ，教育行政は教育委員会の制度改革を余儀なくされるに至っている。

　激しく揺れ，さまざまな課題を突きつける今日の社会に教師を志す人は，どう対処すべきであろうか。急変する社会の流れに，迅速かつ的確に対応できる対処能力が必須であるが，その一環として新たな時代の動きを感知しつつ初等教育の原理についての理解と認識を基軸に据えた取り組みが不可欠であろう。

　教職という専門職を志す人にとって教育原理についてのたしかな認識と課題解決力こそが，多様な教育問題への整合性，一貫性のある「挑戦と創造」を可能にさせるのではないであろうか。このような問題意識から本書では，まず，教育とは何か，なぜ人間には教育が必要なのか（1章），「教育作用可能性と発達可能性」に仕分けしてみた教育の可能性とは何かを本質的に問い直し，初等教育のねらいに言及し（2章），ついで子どもが「教育可能な存在」とみなさ

4

れ，そのために「初等教育の重要性の認識がトランス・ナショナルな視点」からも求められるようになった西洋での初等教育の歩み（3章）や，一方で，「約4000人もの塾生を集めた広瀬淡窓の咸宜園」にも見られる江戸時代の教育熱の高まり，明治の学制発布，大正デモクラシーなどを経て戦中をくぐり今日，PISA型学力まで問われるようになったグローバル化時代までの日本での初等教育の進展の経緯を見極め（4章），次世代の真の人間形成のはたらきに必要不可欠な教育内容（5章）や教育方法（6章），生徒（活）指導ひいては「1回限りの人生をいかに生きるかについての『志』を立てるキャリア教育」（7章），特別活動（8章）のあり方を明示しようと努めた。

　こうして教育原理の根幹部分にふれたうえで，それらを生かすにはどのような学級経営（9章），学校経営が必要なのかを問い（10章），さらにはそれらの外的条件としての教育制度（11章），生涯学習や社会教育の機会，「改正教育基本法で社会教育分野から独立した家庭教育」（12章），教育行政，とりわけ近時改革されたばかりの教育委員会制度にも言及した（13章）。最終的には初等教育の教師を追ってその養成・採用・研修の現状にふれ（14章），理想的な教師像をふまえた望ましい初等教師像にまで筆を進めた（15章）。

　これらが総合的な力となって次世代を力強く育てる理念・原理が明らかとなり，読者の目が広く，新しい初等教育の原理に開かれ，急変する社会の中でも揺るぎない教育的知見が身につくよう望みたい。

　本書が教職をめざしている学生のみなさんや初等教育に携わっている方々に広く活用していただければ幸いである。

　以上のはしがきを書き終え，本書の初版刷新が発行されたのが2014年8月25日であった。以来幾星霜，その間に教育を取り巻く状況も変化し，『新初等教育原理』の改訂版を発行しようという気運も高まり，本書の発行となった。

　この間，本書改訂版の出版にあたり執筆修正を快く引き受けてくださった諸先生，そして改訂版出版の際に終始一方ならぬお世話をいただいた福村出版には，ここに付記して深く感謝の意を表したい。

2023年9月　　　　　　　　　　　　　　　編著者　佐々木正治

目　次

1章

教育の本質と現代における教育の意味

1 ｜ 人間の本質

a. 人工知能の発展

ChatGPTは，私たちに「人間とは何か」という問題を，ひいては人間を育成する「教育とは何か」という問題を突きつけてきた。ChatGPTとはOpenAI社が開発した大規模言語モデルである。ChatGPTは，これまでの検索ツールとは異なって，発せられた質問に対してまるで生身の人間が書いたような自然な文章を生成することができる，と評判になっている。

ChatGPTはたいへん優秀な人工知能（Artificial Intelligence，以下，AI）であるので，わが国の教育機関でもChatGPTなどの生成AIの取り扱いに言及しなければならなくなっている。2023年4月には，筆者が所属する教育機関でも，生成AIは適切に利用すれば学習の効率化などの面で有益と考えられる場合があるが，安易に利用すると学びの妨げになる可能性も懸念される，といった注意喚起がなされている。

認知科学を基礎としたAI研究は1950年代から始まり，2000年代にかけて飛躍的に発展してきた。『情報通信白書』[1]によれば，1950年代後半から第一次AI研究ブームが，1980年代から第二次AI研究ブームが起こった。第二次AI研究ブームでは，人間が「知識」を与えることで専門家のように推論できるプログラムが多数誕生したが，1980年代のAIは自力で必要な情報を収集し蓄積することができなかった。これに対して，2000年代から始まった現在の第三次AI研究ブームのなかで，「ビッグデータ」と呼ばれているような大量のデータを用いることができるようになった。そのおかげで，AI自身が「知

識」を獲得する「機械学習」が実用化された。ChatGPT をはじめとする生成 AI は飛躍的に発展する AI 研究のなかで誕生し，その能力は人間の知能に迫ってきているのである。

　仮想現実などの出現を予言したカーツワイル（Kurzweil, R.）は，2045 年には AI が人間の知性を超える「技術特異点」を迎えると予言している。技術特異点とは，成長著しい AI 技術が人間の知能を超えていく時点であり，カーツワイルはこの特異点で人々は AI の精神性^{Spirituality}と呼べるようなものに遭遇することになると予言している。

　今後さらに巨大な情報量を処理する高度な技術が出現した時，教育はどのように変貌するのであろうか。それとも，SF 小説が描いたような未来がやってこようと，人間教育の目指すべき姿は変わらないままなのであろうか。本章では，まず，教育の本質についての学説を再確認し，続いて巨大な情報量を処理する高度な技術が出現した現代において教育がどのように変貌するかについて説明していきたい。

b．教育学の前提としての「人間とは何か」という問い

　まず，教育行為の対象である人間の本質について確認するところから始めよう。カント（Kant, I.）以前の哲学は人間を取り巻く環境あるいは世界を考察の対象としてきたが，カントはこの考えを転回し，哲学は人間そのものを考察する必要があると考えた。また，教育者は「人間とは何か」という人間観を前提として教育の方法や教育のあり方を導き出してきた。スイスの教育学者ペスタロッチ（Pestalozzi, J. H.）は『隠者の夕暮』のなかで「玉座の上にあっても木の葉の屋根の蔭に住まっても同じ人間，その本質から見た人間，一体彼は何であるか」[2]と述べ，他の著作（『探求』）において人間の本性を明らかにすることによって教育の方法論を導きだそうとした。また，ドイツの教育学者シュタイナー（Steiner, R.）も「いままでの教育改革案は，すべて善良な意志に満ちたものではありますが，人間認識が抜け落ちている」[3]と述べ，教育改革は「人間とは何か」という人間理解から出発しなければならないと考えている。

　わが国においては，デューイ研究者の森昭が「人間とは何か」という問いを教育学の立場から整理している。「人間が人間になっていくこと」

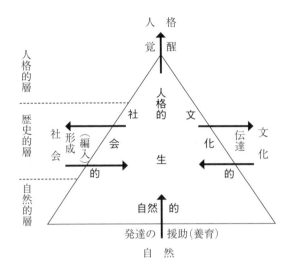

図1-1　人間存在の基本構造と教育の様相
出典：森昭『教育の実践性と内面性』黎明書房，1955年，p. 31 より作成

（Menschwerden）を教育と考える森昭は，図1-1のように，人間の基本構造を自然的層，歴史的（社会的・文化的）層，人格的層に分類し，人間存在を三層の統一的全体として把握している。そこで，このモデルに基づいて人間存在の基本構造を説明しておこう。

❶ 自然的存在としての人間

　森によれば，人間は自然的層に規定されながら成長する存在（自然的存在）である。人間はもちろん生物であり，自己の身体に内在する法則にしたがって^Nature 成長する。近代教育の父と呼ばれたコメニウス（Comenius, J. A.）は人間の自然を「私たちの・最初の・基本的な性質」だと考え，『大教授学』のなかで「人間には，なに一つ外部から持ち込む必要はありません。自分の中に秘められていたものが，蔽いをはがれ，繰りひろげられ，一つ一つのものが，その姿を明らかにされるだけでよいのです」[4] と「成熟」の重要性を述べている。

　コメニウスが活躍した17世紀とは異なって，21世紀の生物学は，人間の生物学的成熟を規定しているのは遺伝子に書き込まれた情報である，と考えている。アメリカや日本などが参加した国際的プロジェクト「ヒトゲノム計画」は，

ヒトの設計図を手に入れるためにヒトの遺伝情報をすべて解読しようとした。このプロジェクトの結果によると，ヒトの遺伝子とチンパンジーの遺伝子は96％類似しており，あるヒトの遺伝子と他のヒトの遺伝子の99.9％は共通のもので，個人差は0.1％であることが明らかとなった。行動遺伝学者の安藤寿康によれば，身長や体重の発達における遺伝寄与率は90％以上，音楽・執筆・数学・スポーツの才能における遺伝寄与率は80％である[5]。1990年から始まったヒトゲノム計画は3000億円以上の経費をかけ，2003年に完了した。現在では，解析技術が進歩し，10万円程度の費用でヒト一人分のヒトゲノムを解析できる。こうして解析された遺伝情報によって，現代では病気の解明・診断・治療，そして予防の可能性が広がっており，関連する技術を人間の才能開発にも応用しようとする研究も存在している。

　現代において，遺伝学とともに，人間の自然的層を深く解明しようとしてきた学問が脳科学である。アメリカは，脳科学研究が「人間とは何か」という問題を解決する重要な糸口になると考え，「脳の10年」「脳の世紀」といったスローガンのもとに巨大な財政的支援を行ってきた。わが国においても，脳科学研究は少子高齢化社会を迎えるわが国の医療・福祉の向上や，乳幼児保育や教育が直面している問題等へ適切な助言を与えうると考えられ，1996年から脳科学研究が推進されるようになった。科学技術会議ライフサイエンス部会脳科学委員会は，脳科学に関する研究開発領域を「脳を知る」「脳を守る」「脳を創る」の三領域（2002年からは「脳を育む」領域が加わる）に分類し，戦略的に研究を進めている。近年では，ASDやADHD，LDといった発達の遅れやひずみには脳の機能障害などがかかわっていることが解明されつつあり，人間の成長，発達，成熟という問題も脳の成長，発達，成熟の問題ととらえるような立場も存在している。さらに，科学技術者であるナム（Naam, R.）は，驚くことに，脳と遺伝子技術，そしてIT技術の統合によって人間の能力をはるかに超えた人類が生まれてくる可能性を示している。

❷ 文化的存在・社会的存在としての人間

　ところで，人間は自然的層に規定されている存在であるからこそ，文化や社会を必要とし，歴史的（社会的・文化的）層において生きる存在（文化的存在・社会的存在）でもある。ドイツの哲学的人間学者ゲーレン（Gehlen, A.）

によれば，人間の生物学的特徴は，動物の行動を強く規定している「本能」を
欠いているところにある。ヒト以外の動物は，その独特の感覚器官によって，
特定のシグナルや信号，情報を収集しており，それらのシグナル等が刺激する
一定の行動によって，つまりその動物に書き込まれた反応の設計図である本能
に基づいた行動によって，生存を維持している。しかし，ヒトの感覚器官が収
集するシグナルや信号，情報の範囲は限定されておらず，開かれている。ヒト
には環境に固定化された行動が存在しておらず，ヒトに適した人工的な環境，
すなわちヒトがさまざまな学習を通して作り出した文化的環境や社会的環境の
なかでのみ，ヒトはその生存を維持していくことができるのである。

　人間独自に備わっている「心」も文化的・社会的環境のなかで誕生し，成長
する。もちろん，心の発達はどのような人間にも起こる現象であり，自然の法
則にしたがって生起するものと考えることもできる。「AI に心は持てるか」と
いう問題を取り扱っている「心の科学」や「心の哲学」と呼ばれる学問は，現
在，「心は，身体の内部のみならず，外部環境を含めたトータルなシステムの
なかに成立しているのであり，脳だけにあるのではない」[6] と考えている。ス
イスの心理学者ピアジェ（Piaget, J.）は，人間の心が外界をとらえる認識能力
の発達過程を感覚運動期，前操作期，具体的操作期，形式的操作期という生得
的なモデルとしてとらえ，環境との相互作用によって心が発達していく過程を
モデル化している。人間は，一方で生得的な認識能力を発達させるとともに，
他方でその能力を使って人間の外にある文化的・社会的環境との相互作用を行
い，そこから得られた結果を学習し，人間の内面を成長させるのである。

　たしかに，人間以外の動物の世界にも文化や社会が存在している。ニホンザ
ルのイモ洗い行動のように，霊長類のなかには後天的，経験的に獲得され，他
の個体に伝達される行動が存在する。そしてそのような行動は文化あるいは文
化的行動と呼ばれている。また，他の動物から身を守るために，鳴き声などで
他者を助ける行動のように，動物のなかには自分を犠牲にして他者を助ける利
他的な社会行動をとる動物が存在している。

　とはいえ，人間は他の動物が持っているものとは異次元の文化や社会を作り
出す能力を持っており，それを可能としているのが記号や言語である。ロシア
の心理学者ヴィゴツキー（Vygotsky, L. S.）は，人間の発達は，成熟の過程と

結びついた生物学的要因に強く制約される「自然な発達路線」が文化的経験によって可能となる「文化的発達路線」と子どもの発達の過程で交差し、「文化的発達路線」へと変換されていく、と捉えた。この変換を可能とするのが、記号や言語といった人工物である。人間以外の動物は、記号や言語といった人工物を高度に活用できないため、生存のための環境を継承し、発展させることに困難をともなう。しかし、人間は、記号や言語といった人工物を高度に利用することによって人間と環境との相互作用の結果を、たとえばドアノブというデザイン記号や明文化された社会的なルールとして、環境のなかに客体化させ、次世代や他者が学習できるよう歴史的層のなかに存続させることができるのである。

❸ 人格的存在としての人間

ところで、人間は人間と呼ぶにふさわしい世界、人としての格（本質）を持った人々の世界のなかで生きる存在（人格的存在）でもある。森昭は「人間生成は究極において、（中略）『自己が自己になる』こと、すなわち『自己生成』Selfstwerden なのである」と述べている[7]。人間は、自然を文化に作り替えることによって文化的世界のなかで自由に活動することができる。だが、人間は未だ自由な世界に住んでいるとは言えない。というのも、人間の前には、文化のなかで形作られてきた価値の対立が常に存在しているからである。価値の対立において、人間は自己の在り方を自分で決める自由を有している。この自由はたいへん厄介なものである。動物であれば、本能にしたがって行動すればよい。だが、人間は自らその根拠を見つけ、選択しなければならない自由を背負っている。人間は自らの内面性に基づいて自己の態度を決定し、その態度を世界のなかで実践していかなければならない存在である。自由のなかで、自分の内面性を信じ、実践していく人間こそが人格的存在と呼ばれるにふさわしいものなのである。

森の考える「人格的存在」は、木村素衛が『表現愛』のなかで考察した「自覚的形成的存在」から影響を受けている。木村によれば、「人間はみずからを形成的に表現しつつこのことを自覚している存在である」[8]。木村は形成することを表現することととらえたが、それは人間の内面を外へと現すことを強調したかったためである。木村によれば、人間の外にある環境は身体を通じて

人間に語り掛け，人間はその内面にある考えを，身体を通じて外界へと表現する。その相互的な関係性を自覚した起点となるのが個としての人間存在なのである。人間が外的環境との相互作用のなかで人間となっていくと考えた森は，自らが考えていることのアナロジーから木村の「自覚的形成的存在」を理解したのであろう。人間は，人間の外的環境との交渉のなかで形成される形成的存在であり，自己が自然的層や歴史的（文化的・社会的）層との相互作用のなかで，人類あるいは自らの価値を選択し，それを実現することを目指して実践することによって，さらに人格性を獲得する存在であると考えたのである。

2 │ 教育の本質

a. 発達の援助としての教育

　これまで，三層の統一的全体として把握される人間存在の基本構造について説明してきたが，『教育学的展望』の著者であるシュプランガー（Spranger, E.）によれば，これら基本構造に対応する教育はそれぞれ「発達の援助としての教育」「文化伝達としての教育」「覚醒への教育」に集約できると考えられている。以下，それぞれの教育について説明しておこう。

　自然的存在としての人間は自己に内在する自然法則にしたがって発達するけれども，外部からの援助があってはじめてその発達は成し遂げられる。スイスの生物学者ポルトマン（Portmann, A.）は，人間の誕生が他の高等哺乳類よりも1年早く起こっているという生物学的な結論（「生理的早産説」）に達し，人間の発達を援助する教育が必要であるとした。ポルトマンは生理的早産という事実から，本来母胎のなかにいなければならない胎児が人間として発達していくためには，誕生後に「伝統を持つ人間集団が営む共同活動」による援助が必要であると述べている[9]。

　近代教育思想家たちも人間の自然に基づく発達を尊重することが教育の本質であると考えた。ルソーは『エミール』のなかで「教育は，自然か人間か事物によって与えられる。わたしたちの能力と器官の内部的発展は自然の教育である。……この三とおりの教育のなかで，自然の教育はわたしたちの力ではどう

することもできない」[10] と述べている。

　ルソーの考え方を発展させたペスタロッチも「合自然」こそが教育の本質であると考えた。ペスタロッチは『ゲルトルート児童教育法』のなかで次のように述べている。「人間に対する教授は，すべて，その本来の発達に向かっての自然本性のこの努力に手をかす技術に他なりません。（中略）教授によって子どもに植え付けねばならない諸印象には必ず一定の順序があり，その始点および進度は，子どもの発達する諸能力の始点および進度と十分に歩調が合っていなければなりません」[11] と。ペスタロッチは，子どもに行う授業も子どもの自然に手を貸す技術でなければならず，子どもの成熟や発達と同じ順序でなければならない，と考えていたのである。

　アメリカの進歩主義教育学者であるデューイは「自然的発達としての教育」というルソーの考え方に基本的には同意しているが，自然的発達が自発的な発達であることには異を唱えている[12]。ルソーは，生まれつきの器官や能力はそれ自体独自の成長があって，放っておいても発達して完全な器官や能力になるとルソーは考えている。しかし，そのように考えるのはばかげているとデューイは『民主主義と教育』のなかで述べている。たしかに，遺伝情報によって自発的に発達する，遺伝寄与率の高い器官や能力も存在するであろうが，それら以外の人間の器官や能力は環境とかかわることなしに，独立して，自発的に発達することは難しいとデューイは指摘しているのである。

　デューイの指摘の証左として，遺伝学上注目されているのがエピジェネティクスである。エピジェネティクスとは，遺伝情報が発現するまでに環境とどのように相互作用するかを研究する分野である。近年の研究では，胎児期・乳幼児期の成育環境が遺伝子発現調節因子の異常を引き起こし，発達障害の発症や重症化につながることが指摘されている。つまり，遺伝情報を情報通りに発現させるためにも人間による発達の援助が必要なのである。

b. 文化伝達としての教育

　発達の援助に加えて，文化の伝達も人間の教育にとって本質的なものであるとみなされている。人間の諸能力は単に人間の内部からのみ発展しうるのではない。人間の諸能力の発展には客観的な文化（教材）の媒介が必要であり，人

間は文化のなかでこそ発達することができる。このように考えたのがドイツの文化教育学である。

　文化教育学の考え方が現れる以前，1920 年代のドイツ教育学の潮流となっていた改革教育学ならびに改革教育運動の基本理念は「子どもから（Von Kinde aus）」というものであった。「万物をつくる者の手をはなれるときすべてはよいものであるが，人間の手にうつるとすべてが悪くなる」というルソーの「性善説」に裏打ちされた子ども観のもと，教育の使命は人間のなかの自然性を信頼し，子どもの現実から出発することであり，子どもの自然性をゆがめる社会・文化的な影響を排除してやることであった。こうした改革教育学の立場とは反対に，人間の諸能力は単に人間の内部から発展しうるのではなく，客観的な文化の媒介が必要であるという認識が高まってきた。こうした認識は文化教育学を成立させる背景となった。この文化教育学の祖とされているパウルゼン（Paulsen, F.）は文化と教育の不可分な関係を強調して，次のように述べている。「教育とは，先立つ世代から後に続く世代への理念的文化財の伝達である」[13] と。フリッシュアイゼン＝ケーラー（Frischeisen-Koehler, M.）も，教育とは「単に自然的存在として生まれた人間を精神史的世界へ編入すること」「一定の文化理想を目指して，自然的に規定された存在を文化的存在にまで形成し，陶冶すること」であると考えている[14]。

　また，フランスの社会学者デュルケーム（Durkheim, É.）も教育を成人世代による未成年世代の「方法的社会化」であるとした。デュルケームは『教育と社会学』のなかで「教育とは，成熟した諸世代によって，未だ社会生活に馴れない諸世代の上に行なはれる作用である。（中略）教育は若い世代に対して行なはれる一種の方法的社会化に於いて成立する」と述べている[15]。デュルケームによれば，教育は人間に新しい存在形式を与えるものである。教育は，社会的な生活を営むことができるように，その社会に必要な知識や道徳を子どもの内面に形成し，社会に適応しうるような能力を準備すること（方法的社会化）によって，その社会で生きていく存在形式を子どもに与える機能を有しているのである。ただし，社会の側から見るならば，教育は社会への編入とみなすことができ，そのようなデュルケームの考え方は人間の個性を否定することとなり，批判されることになった。

c. 覚醒への教育

　シュプランガーも，パウルゼンと同様，若い世代はその時代の文化と出会い，それと取り組むことによって，文化創造に従事する力を発展させることができると考えた。ただし，シュプランガーのいう文化伝達は単なる受け身的な文化伝達を意味しているのではない。「文化財の単なる伝達，たとえば，いわゆる受動的な精神容器のなかへの知識の単なる詰め込みは，もはや存在しない。そうではなくて，ここでは必ず自己発展する精神の内的活動性が，待ち受けたり，もしくは退けたりなどして，共働しなければならない。」16) 文化の伝達も文化の持つ価値に生徒を目覚めさせることができなければ真の教育（Erziehung）とはいえない。もし文化の伝達が単なる知識の教え込みであれば，それはせいぜい教授（Unterricht）にすぎないであろう。文化伝達では，獲得された文化財をいかにさらに価値あるものに高めるか，価値あるものに目覚めた内面性にいかに人間を発達させるかが重要なのである。

　ドイツの教育学者ヘルバルト（Herbart, J. F.）も，シュプランガーと同様のことを，教授と教育の関係を「教育的教授」という用語で言い表していた。ヘルバルトは，教育の目的は「道徳的品性の陶冶」にあると考え，目的を実現するためには，教材を通して子どもの思想界に働きかける教授が必要であると考えた。ヘルバルトは「教授のない教育などというものの存在を認めないし，また逆に（中略）教育しないいかなる教授も認めない」17) と『一般教育学』のなかで述べ，教育は文化の伝達としての教授が子どもの考え方の全体すなわち人格を形成するものでなくてはならないと考えていたのである。

　人間が人間にとって価値のある文化を創造していく人格と呼ばれるような存在になるためには，他者からの支援だけでなく，価値や創造に対して自ら目覚める必要がある。ドイツの教育人間学者ボルノウ（Bollnow, O. F.）も人格や良心といったものは，誰かに教えられて身につくものではない，と指摘している。教育者は，子どもの内面を意図的に作り出すことはできず，それを自覚させ，覚醒させるように試みることができるだけなのである。

3 │ 現代における教育の意味

　これまで，教育は，自然的層に規定されながらもそれを乗り越えるよう発達を支援し，人間が生きる歴史的層のなかでさまざまな文化を教授しながら生存を維持することを可能にするだけでなく，教育は人間を人間として生成すること，すなわち人間をよりよい価値に目覚めさせ，人間が自ら創造する存在となる手助けをすることであると確認してきた。このように，人格の完成という目的に向かって行われる教育は，巨大な情報量を処理する高度な技術が出現した現代において，どのような意味を持つのであろうか。

　オックスフォード大学で機械学習について研究をしているオズボーン（Osborne, M. A.）らは雇用の未来について予測した。2014 年に公表された研究論文「雇用の未来：コンピューター化によって仕事は失われるのか」によれば，「最近の技術革新の中でも注目すべきはビッグデータです。これまで不可能だった莫大な量のデータをコンピューターが処理できるようになった結果，作業をルーティン化できないと思われていた仕事をルーティン化することが可能になりつつあります」[18] と述べている。オズボーンはこの論文のなかで，米国労働省が定めた 702 の職業を創造性，社会性，知覚，細かい動きといった項目ごとに分析し，米国の雇用者の 47％が 10 年後には職を失うと結論づけた。オズボーンらの研究によれば，小学校から高等学校の教員が AI にとって代わられる可能性は 0％から 1％であるが，教員には，無料でオンライン講義を受けられる大規模公開オンライン講座 MOOCs（Massive Open Online Course）のような脅威も存在している。大規模公開オンライン講座には，優秀な学者や教育者が登場し，有意義な教育内容をわかりやすく講義するコンテンツが豊富に用意されている。新型コロナウイルス感染症拡大以前から，オンラインを通じた学習方法の開発はすでに多様に行われてきた。アメリカで「奇跡の高校」と呼ばれた学校では，自宅で教員が作成した授業動画を見て，学校にはわからない部分を教えてもらいに行くという「反転授業（flip teaching）」が行われている。このような教育方法は授業改善にとどまらず，教師の役割ひいては学校教育のあり方を変えていくことになるかもしれない。「ニューヨーク・タイムズ」の記事によ

れば[19]，ChatGPT を開発した OpenAI 社の研究者らは，AI の発展による職業への影響が，オズボーンらの予測を超えて米国の労働者の 80％ に及び，高収入の仕事ほど影響は大きいと予測している。AI にとって代わられる可能性が高い職業には，病気の診断やレントゲンの分析など，医師が行っているような業務もあり，これまで高学歴を必要とした職業も今後 AI 医師にとって代わられる可能性も高いとされている。こうした状況において，わが国の教育の内容のみならず教育のあり方にも変革が迫られるようになるであろう。

　ChatGPT が出現した時の最も大きな衝撃は，このツールが，最も人間的な能力であると考えられてきた「創造」する力に近い，「生成」する力を持ったという点にあった。これまで人間には創造的な活動ができるけれど，AI にはそれができないと考えられてきた。だが，アイデアを出したり，小説を書いたりする生成 AI の登場によって，教育者は「本当の意味での創造性とは何か」「人間の独自性とは何か」といった問題をあらためて考えなければならなくなった。つまり，AI の進化は「人間とは何か」「教育とは何か」という問いを先鋭化したのである。AI の進化によって，多かれ少なかれ人間は知性あるいは知性の育成から解放されるであろう。脳の代替をする AI が現れ，ナムが指摘したように，そうした AI がさまざまな技術と連携すれば，人間は身体性からも解放されるかもしれない。

　たしかに，人間は欠陥を持つ存在であるというゲーレンの指摘は，まさに現代において「人間はどこまで AI によって代替されるのか」という問題に拡張されている。とはいえ，そのような問題は人間の意志や理念の重要性を再確認させてくれる。欠陥を持つ存在である人間は技術によってその生命を永らえてきた。技術は単なる道具ではなく，技術には，こうしたい，こうなりたいという意志や理念が内在されている。意志や理念を人間と環境の相互作用のなかで実現するのが技術である。ここから導き出される事実は次のことを物語っている。すなわち，巨大な情報量を処理する高度な技術が出現した現代において重要となる教育はまさに意志や理念を持っている人間を育成することである。AI が人間の能力の代替可能性を高めれば高めるほど，どのようにしたいのか，そしてそのようなアイデアは人間にとって価値あることなのかといった問題に自覚的になれるかという教育が今後ますます真剣に議論されなければならなく

なるであろう。

引用・参考文献

1) 総務省『平成 28 年版　情報通信白書』(https://www.soumu.go.jp/johotsusin tokei/whitepaper/ja/h28/html/nc142120.html, 2023 年 4 月 29 日閲覧)
2) ペスタロッチー著, 長田新訳『隠者の夕暮・シュタンツだより』岩波書店, 1993 年, p.7
3) ルドルフ・シュタイナー著, 西川隆範訳『人間理解からの教育』筑摩書房, 2013 年, pp.18-19
4) コメニュウス著, 鈴木秀勇訳『大教授学 1』明治図書出版, 1968 年, p.69
5) 安藤寿康『日本人の 9 割が知らない遺伝の真実』SB クリエイティブ, 2016 年
6) 河野哲也『暴走する脳科学 ── 哲学・倫理学からの批判的検討』光文社, 2008 年, p.62
7) 森昭『教育の実践性と内面性 ── 道徳教育の反省』黎明書房, 1955 年, p.40
8) 木村素衛『表現愛』南窓社, 1968 年, p.9
9) ポルトマン著, 八杉龍一訳『生物学から人間学へ ── ポルトマンの思索と回想』思索社, 1981 年
10) ルソー著, 今野一雄訳『エミール』(上)岩波書店, 1962 年, pp.24-25
11) ペスタロッチ著, 長尾十三二・福田弘訳『ゲルトルート児童教育法(世界教育学選集 84)』明治図書出版, 1976 年
12) ジョン・デュウイー出版, 帆足理一郎訳『民主主義と教育 ── 教育哲学概論』春秋社, 1959 年, pp.151-166
13) Paulsen, F., *Paedagogik*, Stuttgart, 1911.
14) Frischeisen-Koehler, M., *Philosophie und Paedagogik*, 1917.
15) デュルケム著, 田辺寿利訳『教育と社会学』日光書院, 1946 年, p.104
16) シュプランガー, E. 著, 杉谷雅文・村田昇訳『教育学的展望 ── 現代教育の諸問題』関書院, 1956 年, pp.24-27
17) ヘルバルト著, 三枝孝弘訳『一般教育学』明治図書出版, 1960 年, p.19
18) Carl Benedikt Frey and Michael A. Osborne: *THE FUTURE OF EMPLOYMENT: HOW SUSCEPTIBLE ARE JOBS TO COMPUTERI SATION?*, 2013. (https://www.oxfordmartin.ox.ac.uk/downloads/academic/The_Future_of_Employmentpdf) (2023 年 4 月 29 日閲覧)
19) The Sankei News「AI 第一人者が危険性指摘　ヒントン氏, グーグル退社」(https://www.sankei.com/article/20230503-HCFTIEWWKBILVIDITCZVBCS WTA/) (2023 年 5 月 3 日閲覧)

2章

教育の可能性と初等教育の目的

　人間は教育されることで個々の能力を発達させ，社会の中で生きていく。大人たちは，教育が子どもの成長発達に資すると信じて，子どもに働きかける。教育は必要であり有益である。

　このような考え方はあまりに自明であり，あえて問うべきこととは思われないかもしれない。しかし，人間はどこまで教育によって変わるのか。教育できないところもあるのではないか。そもそも自分以外の他者を教育（という名の下でコントロール）することの論拠をどこに求めればよいのか。こうした問いは，教育学をはじめ，心理学や人間学，哲学などで取り上げられ考察されてきた。本章では，人間の発達を規定する要因について諸科学が論じてきたことを振り返り，発達途上の子どもをどのようにとらえ，また，子どもとどのように関わろうとしたのかを見ていく。そのうえで，現代日本の学校の役割，とりわけ幼稚園と小学校の教育目的・目標を確認していこう。

1 ｜ 人間の発達を規定するもの

a. 野生児の物語

　私たちにとって馴染み深いことわざに「鳶が鷹を生む」「蛙の子は蛙」「氏より育ち」といったものがある。これらはいずれも一理あるとうなずける一方で，並べてみると矛盾を感じる。こうしたことわざの存在は，人間の成長発達が素質と環境によって規定されることを認めつつも，そのどちらが優位にあるのかについて多くの人が関心を持ち，また，どちらが優位であるかを容易に決められなかったことを示している。

　「素質（遺伝）か環境か」を論じる際に19〜20世紀に教育学や心理学で広

く注目を集めた野生児のエピソードの一つに，「オオカミに育てられた子（アマラとカマラ）」がある。1920 年にインド北東部のジャングルで発見された二人の女児は，オオカミの群れの中で育ったと推測された。二人とも両足で立つことはなく，両手と両足を使って動いた。手を使って食べたり飲んだりすることができなかったし，着衣や入浴を嫌がり，火を怖がり，昼間は眠って夜に活動した。シング牧師夫妻が献身的に世話をしたところ，一人はしばらくして死亡したが，もう一人は少しずつ“人間らしい”生活をするようになった。ただし，同年齢の子どもたちと同じような水準にまでは至らなかったという。

　アマラとカマラのエピソードの他にも，アヴェロンの野生児やカスパー・ハウザーなど，世界各地で野生児が“発見”され，その成長や教育の記録がセンセーショナルに報じられた。そして，人間社会で生活し，感受性期を逃さずに適切な教育を受けなければ人間として成長発達できないこと，だが，たとえ不適切な環境に置かれても，その後に愛情深い養育を受けると一定程度の成長発達が見込まれることが主張された。野生児の物語は「素質と環境」，教育の可能性や有効性をめぐる議論の導入として広く紹介されたのである。ただし今では，これらのエピソードは事実に即しておらず，伝達者の脚色や歪曲が織り込まれているとも言われる。

　素質と環境のどちらが人間の成長発達に重要な影響を与えるかを考察してきたのは心理学である。歴史的に見れば，素質を重視する成熟優位説（遺伝説・生得説）に始まり，それを批判し，環境からの影響を重視する環境優位説（経験説）が主張された。その後，素質と環境のどちらもが発達に影響を与えると考える輻輳説に収斂され，「素質か環境か」の二者択一ではなく，「素質も環境も」と考えられるようになった。シュテルン（Stern, W. 1871-1938）が主張した輻輳説では素質と環境が加算的にとらえられたのに対して，現在，一般的に認められる相互作用説では，素質と環境とが互いに影響を及ぼし合うとされる。ある程度は遺伝的素質の影響を受けつつも，生後の環境的要因や働きかけによって心身の成長発達が進むと考えられるのである。

b. 人間の特性としての教育可能性

　ダーウィンによる進化論が主流を占める動物学の分野で，スイスの生物学者ポルトマン（Portmann, A. 1897-1982）は「人間と霊長類の親類関係という明白に承認されている事実から出発」しながらも，「人間の生活様式，およびその発生・発達の特殊性をあきらかにしよう」（ポルトマン『人間はどこまで動物か』岩波書店，1961 年，pp. iii ～ iv）とした。動物としてのヒトの特徴だけでなく，他とは違う人間の特殊性を浮かび上がらせたのである。

　ポルトマンによれば「人間は生後 1 歳になって，真の哺乳類が生まれた時に実現している発育状態に，やっとたどりつく」（同上書，p.61）。他の哺乳類であれば，誕生時にすでにそれぞれの種に特有の行動様式を備えているが，人間はそうした状態に達するまでに生後 1 年間を要する。これをポルトマンは生理的早産と呼んだ。生理的早産であることによって「ほかの哺乳動物のどんなものよりもはるかに早い時期に，人間は，文字通り，外部に“さらされて”，生育後の環境の多様さのなかにおかれる。そうして人間がこの社会という環境のなかに，育ちながらはいりこむことで，直立する人間や，人間の世界体験という特別なものが生じてくる」（同上書，p.118）。ポルトマンは人間の思考や行動のみならず，その基盤となる身体的な側面についても誕生後の学習の成果ととらえており，そのことが人間の生活圏の広がりを可能にしたと考えた。

　生理的早産はポルトマンにとって人間と他の高等哺乳類との違いを際立たせるための概念装置であったが，教育の観点から見れば，教育の必要性や可能性の根拠となる。というのも，子どもが養育を必要とする状態で誕生し，また生後しばらく自身の力だけで生存できないことは，大人による教育の必要性を正当化する。子どもが他者と関わるなかで成長発達することは，その他者との関係としての教育の可能性を開く。生理的早産は，教育の重要性を裏づける論拠として，教育学において広く参照されたのである。

2 ｜ 子どもをどうとらえるか

　本節では，教育の対象である子どもへの関心について考えていく。教育され

て発達する存在としての子どもが注目され，子どもを精緻に描き出す試みが広がって，意図的な教育活動への関心が高まることが明らかになるだろう。

a. 白紙としての子ども

イギリスの哲学者ロック（Locke, J. 1632-1704）は名誉革命時の理論的指導者として活躍した人物で，『人間知性論』（1689 年）や『統治二論』（1690 年）などの著作で知られる。『教育に関する考察』（1693 年）は，ロックが友人の求めに応じて紳士（ジェントルマン）の家庭教育について助言を書き送った私的書簡のかたちをとる。そこには「子供の心は，川のごとくこちらの方へ，あちらの方へと容易に変えられるとわたくしは想像します。」（ロック『教育に関する考察』岩波書店，1967 年，p.15）という記述が見られる。ロックは人間の精神活動を各自の経験の結果ととらえた。いまだ経験の浅い子どもは，白紙（タブラ・ラサ）にたとえられ，周りから与えられる情報を吸収する存在とみなされた。白紙には何も描かれていないのだから，さまざまなことを自由に記すことができる。経験（教育）を始めるのは早ければ早いほどよく，親と子の関係やしつけ，食事や衣服など生活の細部に至る具体的事例を挙げながら，ロックは「将来紳士となる者はいかに幼時から育てらるべきか」（同上書，p.18）を論じた。

ロックにおいて子どもは，教育されることによってさまざまなことを知り，身につけ，理解して，大人になっていく存在だった。子どもが白紙であること自体に価値が見出されたわけではなく，必要不可欠な事柄を白紙に描き込まれて紳士になっていく可能性を有することが重要であった。大人（になること）に重きを置いたところは，後述するルソーの子ども観との大きな違いと言ってよいだろう。

なお，このようなロックの子ども観によって，ロック自身の教育観とは無関係に，教育万能説への回路が開かれる。というのも，子どもの発達の可能性が無限に広がっているととらえることは，その可能性に働きかける教育作用の可能性を押し広げる。もちろん，それぞれの論者は自身が生活する社会や自身が理想とする社会を前提としており，めざす人間像はそれに応じるため，可能性は無限ではない。だが論理的には，白紙としての子ども観は教育への多大な期

待と信頼を引き起こすのである。

b. 子どもの発見

　啓蒙期のフランスで活躍したルソー（Rousseau, J. J. 1712-1778）は『人間不平等起原論』（1755年）や『社会契約論』（1762年）などの著作で知られる。『エミール』（1762年）は，少年エミールが家庭教師（私）と二人での生活を通して成長する小説仕立ての教育論である。エミールという「一人の架空の生徒を自分にあたえ，その教育にたずさわるにふさわしい年齢，健康状態，知識，そしてあらゆる才能を自分がもっているものと仮定し，その生徒を，生まれたときから，一人まえの人間になって自分自身のほかに指導する者を必要としなくなるまで導いていくことにした」（ルソー『エミール（上）』岩波書店，1962年，p.49）とルソーは説明している。

　ルソーによれば「自然は子どもが大人になる前に子どもであることを望んでいる。この順序をひっくりかえそうとすると，成熟してもいない，味わいもない，そしてすぐに腐ってしまう速成の果実を結ばせることになる。［中略］子どもには特有のものの見方，考え方，感じ方がある。そのかわりにわたしたちの流儀を押しつけることくらい無分別なことはない」（同上書，p.125）。大人とは異なる子どもという固有な存在の意義を際立たせていることが読み取れる。子どもがよりよい社会の担い手として期待される存在であることはルソーも否定しないが，それよりもまず，子どもが今，子どもであることに価値を見出した点が特徴的であり，ルソーが「子どもの発見」者と称される理由である。

　ルソーの子ども観は，未来の子ども（大人）だけでなく現在の子どもにも価値を見出すものであり，これ以降の子ども観の基盤となる。ただ，ルソーが描く子どもは彼の社会思想から産み出されたフィクションでしかないことにも留意すべきであろう。

3 ｜ 教育可能性概念の拡張

　教育可能性は一般に，発達途上にある子どもたちに教育することができるという教育する側の属性［教育作用（または操作）可能性］と，他者から教育さ

れて成長発達するという教育される側の属性［発達可能性］の二つの側面，あるいはどちらか一面からとらえられる概念である。現在ではこれら二つの側面を明確に分けることなく，不可分なもの，あるいは相互作用的なものと考えられることが多いが，論者によって重点の置き方は異なる。本節では，教育学が独立した研究領域となり，社会制度としての学校を支える学問となる経緯を追いながら，発達可能性を主たる意味内容とした教育可能性概念が教育作用可能性を含み込んで拡張したことに注目しよう。

a. 教育学の基礎概念としての教育可能性

前節で取り上げたロックやルソーは，教育（学）について中心的に論じたというよりも，彼らの哲学や社会思想を補強するために子どもや教育に言及したにすぎない。哲学のなかで周辺的に扱われていた人間形成や教育に焦点を当てて，独立した学問領域を設けて論じようとしたのがドイツの教育学者ヘルバルト（Herbart, J. F. 1776-1841）である。ヘルバルトが『一般教育学』（1806 年）において提示した四段階の教授段階説は，彼の弟子たちによって五段階教授法へと練り上げられ，各国で整備されつつあった学校教育に大きな影響を与えたことで知られる。だが，ヘルバルトの議論の中心は，具体的な授業の方法論というよりも，旧来の子育てや教育の技術とは区別される学問としての教育学を樹立することにあった。

ヘルバルトは教育学を基礎づける学問として，目的論的側面を担う倫理学と方法論的側面を担う心理学を挙げた。倫理学では理想的人間像が追求され，心理学では子どもの成長のメカニズムが解明される。それらの知見をもとに，めざすべき人間像に向けて子どもはどのように発達するのか，その成長発達に教師はどのように働きかけるかを構想することが，ヘルバルトにとっての教育学の課題であった。旧来の教育論を検討したヘルバルトは，さまざまな働きかけを受けながら子どもが変化することが，いずれの論においても前提されていると分析した。そして，自身の家庭教師の経験なども交えながら，子どもたちの成長発達を積極的に意味づける重要性を主張した。倫理学や心理学といった既存の学問領域から補完されることを認めつつも，理論的考察の前提としてヘルバルトは「教育学の基礎概念は生徒の教育可能性である」と明言した。彼が対

峙した哲学における人間観を超え出るための装置としても，人間の多様な成長発達のありようを説明する教育可能性概念は有効であった。

　ヘルバルトが教育可能性という概念を用いて主張したのは，子どもが理想的な人間像に向けて成長発達することであった。それは発達可能性を教育の基本前提として認めることであり，必ずしも教育作用可能性を強調したのではなかった。しかし，子どもの成長発達や変化，それに働きかける教育の方法論への関心が高まると，ヘルバルトの議論の前提となっていた理想的な人間像と切り離して教育可能性が語られるようにもなる。ヘルバルト以降の教育学では子どもの教育可能性が教育（学）の自明の前提とされ，その意味内容が拡張されていく背景には，こうした論理的な問題だけでなく，各国で学校教育が制度化されて広まっていったこともあるだろう。

b. 社会制度としての学校

　学校（school）の語源は余暇を表す古代ギリシア語である。古代ギリシアではポリス市民が労働から解放された余暇を使い，音楽やスポーツ，弁論術などを身につけて自らの教養を高めた。これが学校の起源と言われる。その後，技術の継承や技能の伝承をはじめとする個別のニーズに応じた学校がさまざまに作られたが，いずれも対象とする学習者，教える内容などは限定的で，学校に通うことは当然視されていなかった。多くの人々にとっては，毎日のくらしのなかで，生活様式や仕事の技術など必要な事柄を次世代に伝えていけば事足りていた。学校は必然性をもって受け止められていたわけではなかったのである。

　しかし，科学が進歩し，産業化・機械化が進むなかで生活環境が複雑化し，また，自らの生活を自律的に選択するという人間像が広まり，生活圏内での文化伝達だけでは足りなくなった。国民国家が形成された 19 世紀以降には，初等教育を中心として学校教育制度が確立された。社会制度としての学校に託された役割は，国民として身につけておくべき知識や技能を子どもたちに効率的に教えることであり，自律的な個人を育てることであった。そのためには，未熟で教育を必要とする子どもを教育する存在としての大人（教師）の優位性が制度的に裏づけられる必要があった。正しい知識や技術を知っていること，その知識や技術を教える方法を駆使できることが，職業人としての教師の権威を

裏づけたのであり，その根拠として広く活用されたのがヘルバルト教育学であった。

　とりわけ学校教育において広く参照されたのは，ヘルバルト学派が精緻化した教授段階説であった。それとともに，ヘルバルトが示した教育学の基礎概念としての教育可能性も現実的な裏づけを与えられていった。学校教育制度が整備されて多くの人々が学校に通い，その結果（学歴や資格など）によって人々の生活がよりよく変わるというシステムは，学校に行って教育を受ければ可能性が広がるというイメージを強化したからである。学校内では，教師の働きかけに応じて教師の意図したとおりに子どもが活動すれば，そのような可能性が子どもに潜んでいたこと，その可能性を引き出す力が教師に備わっていることが事後的に説明される。教育活動や教育システムの成果が強調されればされるほど，教育可能性概念はその意味内容を拡張させた。教育可能性への信頼が学校での教育活動を活性化し，教育の機会を広げたのである。

　だが同時に，子どもの無限の可能性を強調して，子どもたちに過剰な努力を強いる状況も見受けられる。「頑張れば頑張るほど，可能性が広がる。だから頑張りなさい」と子どもに求めてしまうのである。こうした問題に陥らないためには，教育可能性を，子どもの属性（発達可能性）あるいは教師の属性（教育作用可能性，操作可能性）とみなすのではなく，子どもと教師との関係のなかに見る新しい概念規定が必要となる。「教師が教育的働きかけによって生徒のうちに切り開く教育的働きかけの余地」（『教育思想事典 増補改訂版』勁草書房，2017年，p.148）と定義づけて，これまでの教育可能性概念を批判的・反省的に組み替えることで，教育実践への肯定的態度を残しつつ，その抑圧性を回避できるかもしれない。

4 ｜ 就学前教育・小学校教育のめざすもの

　ここまで教育可能性概念を手がかりとしながら，子どもや教育的働きかけの意味，その具体的な制度としての学校教育について歴史的・思想的に明らかにしてきた。本節ではこれらをふまえて，現代日本の就学前および初等教育を担う教師に期待される役割について考えていこう。

a. 教育が行われる場所

　教育基本法では家庭教育について「父母その他の保護者は，子の教育について第一義的責任を有するものであって，生活のために必要な習慣を身に付けさせるとともに，自立心を育成し，心身の調和のとれた発達を図るよう努めるものとする。」（第10条）と定めている。また，「幼児期の教育は，生涯にわたる人格形成の基礎を培う重要なものであることにかんがみ，国及び地方公共団体は，幼児の健やかな成長に資する良好な環境の整備その他適当な方法によって，その振興に努めなければならない。」（第11条）とされている。これらの規定を見ると，とりわけ幼児期の教育を考える際に学校，家庭，地域社会といった教育の場を明確に区分することは適切でない。子どもの教育に第一義的責任を負う保護者によって，家庭を中心的な場として幼児期からの教育が行われるのであり，それを補完するために幼稚園や保育所，認定子ども園，地域社会や関係諸機関がある。小学校入学後は次第に子どもたちの生活圏が広がるが，時間割や学期，学区などによって，時間的にも空間的にも学校を中心とした生活が始まる。学校での成績の良し悪しがその子どもの全体的な評価にまで波及するなど，学校的価値が学校外にまであふれ出し，人々の価値観を拘束する状況も見られる。けれども，学校だけが教育を行う場では決してないし，教師だけが子どもの教育を担うのでもない。

　子どもは学校・家庭・地域社会のそれぞれで違う表情を見せることがある。教師・保護者・地域住民の子どもへの接し方はそれぞれ異なる。教育における学校・家庭・地域社会の役割と責任は同一のものではない。家庭や地域社会の教育機能が弱まっているから学校の教育力を向上させる，というわけにはいかない。しかし，学校ほど教育活動への関心の高い所はないし，教育における学校の役割は格段に大きい。家庭や地域社会での教育に対する適切な助言を行ったり，家庭や地域社会と一緒に進める教育活動のイニシアティブをとったりすることを期待されるのは学校である。学校の社会的特質，その役割と限界を確かめつつ，教師は自らの職務にあたることが求められる。

　社会制度としての学校にかかわる事柄は，教育基本法，学校教育法をはじめとする法律に定められている。以下では，それらの条文を手がかりとして，幼

稚園および小学校における教育の目的や目標を確認していく。

b．幼稚園教育の目的・目標

　子どもたちにとって幼稚園は，友だちと出会い，多人数での集団生活を初めて経験する場所である。親密な人間関係のなかで営まれる家庭生活とは異なり，幼稚園では，自分一人でやり遂げること，まわりの友達の思いを察したり折り合ったりすること，集団内でのルールを守ることなども求められる。このような幼稚園での教育の目的は学校教育法において「幼稚園は，義務教育及びその後の教育の基礎を培うものとして，幼児を保育し，幼児の健やかな成長のために適当な環境を与えて，その心身の発達を助長することを目的とする。」（第22条）と定められている。子どもたちが安心して過ごせるよう，意図的に適切な環境を整えて，一人ひとりの発達の特性に応じていくことが幼稚園では求められるのである。この教育目的を達成するためにより具体的に定められた教育目標は以下のとおりである。

幼稚園教育の目標（学校教育法第23条）

> 幼稚園における教育は，前条に規定する目的を実現するため，次に掲げる目標を達成するよう行われるものとする。
> 一　健康，安全で幸福な生活のために必要な基本的な習慣を養い，身体諸機能の調和的発達を図ること。
> 二　集団生活を通じて，喜んでこれに参加する態度を養うとともに家族や身近な人への信頼感を深め，自主，自律及び協同の精神並びに規範意識の芽生えを養うこと。
> 三　身近な社会生活，生命及び自然に対する興味を養い，それらに対する正しい理解と態度及び思考力の芽生えを養うこと。
> 四　日常の会話や，絵本，童話等に親しむことを通じて，言葉の使い方を正しく導くとともに，相手の話を理解しようとする態度を養うこと。
> 五　音楽，身体による表現，造形等に親しむことを通じて，豊かな感性と表現力の芽生えを養うこと。

　ここからは，幼稚園教育の領域（健康，人間関係，環境，言葉，表現）を読み取ることができる。幼稚園ではこれらの領域を別々に取り扱うのではなく，上記の目標を達成するために必要な直接的・具体的体験を豊富に得られるよう，子どもにとって意味ある環境の構成が重要となる。子どもたちの主体的な活動としての遊びを十分に確保することで能動性が育まれ，小学校以降での学習や生活の基盤となる資質・能力を養うことが期待される（文部科学省『幼稚園教育要領解説』フレーベル館，2018 年，pp.45 〜 68）。

ｃ．小学校教育の目的・目標

　教育基本法では義務教育 9 年間を見通した目的が「義務教育として行われる普通教育は，各個人の有する能力を伸ばしつつ社会において自立的に生きる基礎を培い，また，国家及び社会の形成者として必要とされる基本的な資質を養うことを目的として行われるものとする。」（第 5 条 2）と定められている。教育の目的（第 1 条）に示される「人格の完成」と「平和で民主的な国家及び社会の形成者（の育成）」の両側面が組み込まれていることが分かる。これをふまえて小学校における教育の目的・目標が以下のとおり規定される。

小学校教育の目的（学校教育法第 29 条）

> 小学校は，心身の発達に応じて，義務教育として行われる普通教育のうち基礎的なものを施すことを目的とする。

小学校教育の目標（学校教育法第 21 条，第 30 条）

> **第 21 条**　義務教育として行われる普通教育は，教育基本法（平成 18 年法律第 120 号）第 5 条第 2 項に規定する目的を実現するため，次に掲げる目標を達成するよう行われるものとする。
> 一　学校内外における社会的活動を促進し，自主，自律及び協同の精神，規範意識，公正な判断力並びに公共の精神に基づき主体的に社会の形成に参画し，その発展に寄与する態度を養うこと。
> 二　学校内外における自然体験活動を促進し，生命及び自然を尊重する精神並びに環境の保全に寄与する態度を養うこと。

三　我が国と郷土の現状と歴史について，正しい理解に導き，伝統と文化
　　をはぐくんできた我が国と郷土を愛する態度を養うと
　　ともに，進んで外国の文化の理解を通じて，他国を尊重し，国際社会の
　　平和と発展に寄与する態度を養うこと。

四　家族と家庭の役割，生活に必要な衣，食，住，情報，産業その他の事
　　項について基礎的な理解と技能を養うこと。

五　読書に親しませ，生活に必要な国語を正しく理解し，使用する基礎的
　　な能力を養うこと。

六　生活に必要な数量的な関係を正しく理解し，処理する基礎的な能力を
　　養うこと。

七　生活にかかわる自然現象について，観察及び実験を通じて，科学的に
　　理解し，処理する基礎的な能力を養うこと。

八　健康，安全で幸福な生活のために必要な習慣を養うとともに，運動を
　　通じて体力を養い，心身の調和的発達を図ること。

九　生活を明るく豊かにする音楽，美術，文芸その他の芸術について基礎
　　的な理解と技能を養うこと。

十　職業についての基礎的な知識と技能，勤労を重んずる態度及び個性に
　　応じて将来の進路を選択する能力を養うこと。

第30条　小学校における教育は，前条に規定する目的を実現するために
　　必要な程度において第21条各号に掲げる目標を達成するよう行われる
　　ものとする。

2　前項の場合においては，生涯にわたり学習する基盤が培われるよう，
　　基礎的な知識及び技能を習得させるとともに，これらを活用して課題を
　　解決するために必要な思考力，判断力，表現力その他の能力をはぐくみ，
　　主体的に学習に取り組む態度を養うことに，特に意を用いなければなら
　　ない。

　義務教育を担う小学校では，全国的に同一基準のもとで組織的・体系的な教
育が行われる。どの小学校に通っても同じ水準の教育を受ける機会を国民に保

障しているのである。学校や子どもをとりまく社会的状況に配慮しつつ，およそ10年ごとに改訂される学習指導要領も，こうした考え方のもとに作成されている。

　しかしながら，法令に規定された事柄は全般的なものであり，それを具体化する際には，個々の学校や地域や子どものさまざまな実態に応じる必要がある。そのため各学校では「学校として育成を目指す資質・能力が明確であること」，「教育的価値が高く，継続的な実践が可能なものであること」，「評価が可能な具体性を有すること」といった点に留意しつつ，独自の教育目標を設定することが重視されている（文部科学省『小学校学習指導要領（平成29年告示）解説 総則編』東洋館出版社，2018年，p.47）。

　法令などに示された目的・目標ならびにそれぞれの学校（幼稚園や小学校）で策定された目標に照らしながら，日々の具体的な教育活動は展開される。実際に幼稚園や小学校で子どもたちに関わる教師は，これらのことをしっかり理解しておく必要がある。それとともに，自分自身の教育観や子ども観を大切にしながら，一人ひとりの子どもと向き合うことも求められよう。

　教育や学習という営みは，教師と子どものどちらかが独断で進めるものではない。教育可能性を関係概念として定義しなおしたように，個別具体的な存在としての教師が，同じく個別具体的な存在としての子どもに向き合い，その場の情況に応じて関わり合っている。そこでの臨床知の構築を通してこそ教師の自律性や専門性の向上も望まれるのである。

引用・参考文献

1) 田中毎実「教育可能性」，教育思想史学会編『教育思想辞典 増補改訂版』勁草書房，2017年所収
2) ヘルバルト，J. F. 著，是常正美訳『教育学講義綱要』協同出版，1974年
3) ポルトマン，A. 著，高木正孝訳『人間はどこまで動物か —— 新しい人間像のために』岩波書店，1961年
4) ルソー，J. J. 著，今野一雄訳『エミール』岩波書店，1962年
5) ロック，J. 著，服部知文訳『教育に関する考察』岩波書店，1967年

3章

西洋の初等教育史

1 ｜ 「初等教育」と「基礎教育」

　一般に「初等教育」と呼ぶ場合，そこにはその次の段階，たとえば「中等教育」，あるいはさらにその上の「高等教育」という教育階梯が念頭に置かれている。したがって「初等教育」はただそれだけで存在するものではなく，到達すべき目標に向かう「初等」の段階を指している。似たような言葉に「基礎教育」という言い方がある。人生の基礎，学問の基礎，あるいは職業の基礎を身につけるための教育であり，ときに初等教育と同義に使われることもあるが，こちらの場合は必ずしも教育階梯が意識されているわけではない。それだけで完結する「基礎教育」もありうるし，初等教育のみならず中等教育の一部も含めて「基礎教育」とする場合もある。

　イギリスやフランス，ドイツなどのヨーロッパ諸国が国家の主導による全国的な教育システムを構築するのは，18世紀末から19世紀にかけてのことである。その場合，フランスのように当初から教育階梯を意識して制度を構築した国もあれば，一般民衆（労働者階級）の子どもたちの「基礎教育」を提供するものとして，次への進学を基本的には想定せずにシステム化したイギリスのような国もある。しかしながら労働者階級の子どもたちの教育は，それ以前から教会や地域共同体，慈善団体の学校，あるいは家庭で行われていた。またその一方で富裕層の子どもたちの教育は家庭，あるいは中世から続く別の教育体系の中で営まれてきた。本章では，こうした階級や時代ごとに異なる子どもの教育の中でも，「初等」あるいは「基礎」ととらえられる教育活動を取り上げてその歴史的変遷をたどる。

2 ｜ コミュニティの中の基礎教育

a. キリスト者のための教会による基礎的な教育

　ヨーロッパにおける現在の学校制度の直接的な始まりは，主として19世紀以降に整備される国家による公教育制度と考えられているが，それ以前から学校教育は存在した。中世以降，教育システムの構築に主導的役割を果たしたのは，キリスト教会であったが，教会以外にも，宗教的理念を持って運営された中間団体や地域社会が資金を出して教育機関を設立する場合や，教師が個人的に学校を設立・運営する場合もあり，さまざまな組織や個人が教育に携わった。

　すでに6世紀には教会が労働者階級の子ども向けの学校を設立したと言われているが，その第一の目的は，地域の子どもたちをキリスト教徒に育成することであった。キリスト教会が聖書を根拠にして作り出した諸規則は，地域社会で生きていくために守るべき基本的なルールとされ，子どもたちは，教区学校や司祭学校などと呼ばれた学校で，キリスト教徒としての振る舞い方を学び，これを日常生活の中で実践した。その主要な教育内容は聖書およびカテキズム（教理問答）であった。カテキズムは教義に関する質問と答えがセットになったものであり，それを子どもたちに繰り返し暗唱させることで，キリスト教の教えを覚えさせた。

　これらの学校のもう一つの目的は，労働者階級の子どもたちの中から聖職者となるにふさわしい優秀な者を見出すことであった。そのため子どもたちには聖書を題材にしたラテン語の読み書きも教えられた。優秀さが認められると，聖職者の推薦を得て，さらに上級の聖職者養成のための学校に進学することもできたため，労働者階級の子どもたちに知的専門職である聖職者となる道を提供する機会になったこともあった。

b. エリートのための教養教育

　労働者階級の子どもたちの中から聖職者になるルートが存在したとはいえ，基本的には富裕層の子どもが聖職者の道に進んだ。なぜならば，聖職者になる

ためには，専門の知的訓練が必要であり，近代に至るまで，大多数の貧しい子どもたちは，基礎教育以上の教育を学校で受けることが想定されていなかったし，またそうした機会を得るための金銭的余裕を持たなかったからである。

　一方で，中世にキリスト教が普及するにともなって，聖職者養成の需要が高まり，基礎教育に加えて聖職者になるための専門の教育を行う司教学校や司教座聖堂学校，修道院学校などが設立された。これらの学校は，キリスト教の布教のため，あるいは俗人の子弟に対する教育需要の高まりを背景に，聖職者を目指さない者を受け入れるようになっていった。こうして聖職者養成のための学校が，聖・俗の上層子弟の教育を担う場として機能することとなった。これらの学校では，基礎教育（聖書等の読解のためのラテン語の基礎，計算，唱歌）のみならず，自由七科（文法，修辞学，弁証法からなる三学と音楽，算術，幾何学，天文学の四科）や学問の最高位である神学が教えられた[1]。

　14世紀から16世紀にかけて，新しい時代の在り方のヒントを求めて古典時代の思想や価値観を探究する文芸復興運動（ルネサンス）が起こると，人文学（ラテン語やギリシャ語文献の探究）という新しい学問がヨーロッパを席巻した。12世紀以降，ヨーロッパ各地に誕生していた大学においても，神学や医学，法学に加えて人文学が学ばれるようになった。また大学進学のための準備学校として人文主義的教育を行う中等学校が新たに設立され，既存のラテン語学校でも人文諸学を取り入れたカリキュラムで教育が展開されるようになった。家庭教師によって家庭で学ぶ場合も，これらの学校と同様，人文学を中心とした教育を受けており，これがヨーロッパにおけるエリートの共通の教養として機能していくことになった[2]。しかしこれらの基礎教育を超えた学問的な学びを行う学校は基本的には男子向けのものであり，女子には学問的な学びは必要ないとして，家庭及び女子のための寄宿学校で礼儀作法や刺しゅう等を学んだ。

c. 労働のための基礎教育

　キリスト教が子どもたちの教育に与えた影響は極めて大きかったが，教育を担っていたのは教会だけではない。むしろ人々は日常生活の中で親や地域の人々からしきたりや習慣，職業に関することまで幅広く学んでいた。これもまた，学校以外で学ぶ，生きるための基礎的な知識・技術であった。

　ヨーロッパは全体として，20世紀前半まで圧倒的農業社会であった。それゆえ，人口の圧倒的多数を占めた労働者階級の子どもたちの多くが，小さな頃から大人の手伝いをしながら農作業の方法や農機具の扱い方を学んだ。家事奉公人も古くからある職業の一つであるが，とりわけ18世紀以降，都市化に伴って都市人口が増加すると，多くの労働者階級女性たちが家事奉公人として働いた。働き口の見つかった少女たちは基礎教育を終えたか，あるいは教育をほとんど受けることなしに，多くの場合10代前半で家事奉公に従事した。

　一方，特別な技術を必要とする鍛冶屋や大工などの職人になるためには，親方のもとで徒弟修業に従事した。ドイツでは徒弟となるための条件の一つに読み書き能力が課されていたために，徒弟修業に就く前にこれらの能力を身につけている必要があった[3]。一方イギリスでは1563年職人法（別名「徒弟条例」，1814年廃止）によって親方が徒弟期間中，道徳指導，宗教教育，少なくとも読み方の習得に責任を持つと規定されていた。しかしながら実態はさまざまで，親方が職業に必要なしと判断すればまったく教えられない場合もあった[4]。

　このように労働者階級の子どもたちは学校以外の場でも，生きるために必要な基礎的な知識や技術を学んでいた。むしろ近代に公教育制度が普及するまでは，多くの労働者階級の子どもたちが幼児期を過ぎると家の手伝いや種々の労働に従事し，そのまま労働者として生きることになったため，彼らにとって，働きながら労働のための手はずを学ぶことは，生きるための基礎的な教育であったと言えよう。彼らは子どもだからといって労働から遠ざけられるわけではなかった。労働者階級の子どもたちにとって，働くことと生きることは不可分に結びついていたのである。

3 ｜「子ども期」と学校教育

a.「子ども」と「大人」の区分

　労働者階級の子どもたちが幼少期から労働に従事していたからといって，「子ども」と「大人」の区別がなかったわけではなかった。むしろ身体も小さく体力も少ない子どもが，大人と同じようには働けないことは，「大人」とは

異なる存在としての「子ども」を強く印象づけたと思われる。未熟で「大人」になっていない「子ども」が，社会生活を問題なく営む「大人」になるプロセス，すなわち社会化をどのように行うのかは，社会やコミュニティの中で重要な問題として認識されてきた。こうした理想化された「子ども」および「大人」イメージは，実際の子どもや大人に対するまなざしや課せられるルールなどに大きな影響を与えてきた。

　とりわけ家族内の「大人」と「子ども」の関係性，すなわち親子関係は，古代国家の時代から，その時々の統治権力によって，社会的秩序を保つため，あるいは権力の正統性を担保するために規定され，「大人」が「子ども」を管理・支配することを慣習化した[5]。

　このように「大人」と「子ども」の区分は古代国家の時代から存在していると言えるが，それぞれの時代・社会によって「子ども期」が指す内容は異なる。どの年齢の人々を「子ども」と呼ぶのか，彼らは通常，どのような生活を行っていたのかは，その時代・社会によって多様であった。個人にとって子ども期の内容が異なるのは当然であるが，理想あるいは「普通」とされる子ども期もまた，時代や社会によって異なっていたのである[6]。

b. ロックとルソーによる「子ども期」の教育

　ロック（Locke, J. 1632-1704）やルソー（Rousseau, J. J. 1712-1778）は，子ども期の教育が将来に決定的な影響を与えるものとして独自の教育論を語っており，彼らの著作は他国で翻訳され広く読まれた。このことは，子ども期の重要性の認識がさまざまな国の富裕層で広まっていたことを示している。とはいえ，2人の「子どもと社会の距離」に対する考え方は真逆であった。子どもは生まれながらにして「白紙」であり，悪にでも善にでも染まることができると考えていたロックは，「世の中の悪徳に染まるのを防ぐ唯一の防壁は，そのことをよく知っていること」だと述べ，若者が世の中に出る以前に，世の中のありのままの姿を教えておく必要性を熱心に説いた。もちろん「世の中にはびこっている悪徳を若者に暴露して知らせること自体が，そうした悪徳を教えることになってしまうこと」も承知していると述べた上で，だからこそ「生徒の気質や傾向，弱点などを判断することができる，思慮深い有能な人物が必要」

だとして教師の重要性を指摘している[7]。一方，ルソーはこうしたロックの主張を意識しながらも，子どもは生まれながらにして「善」の存在であるという前提のもとに，「人間がその生来の形を保存することを望むなら，人間がこの世に生まれた時からそれを保護してやらなければならない」と主張した。すなわち生まれた時の「善」の状態を維持し，社会の悪に染まることを防ぐために，適切な教師のもとで社会から隔離すべきであると唱えたのであった[8]。

このように富裕層の間で，「子ども期」をどのように過ごさせるべきかを論じた教育論が人気を博し，広く読まれた。当時，教育の責任は家長である父親にあると考えられていたため，これらの多くが父親向けに書かれたものであったが，18世紀以降，母親向けの育児書や雑誌の出版が流行した[9]。この変化には女性の母性を「自然のもの」とし，子育てを女性本来の役割であるとする考えが支持されたことも影響していた[10]。たとえばルソーは女性が持つ母性の重要性を主張し，母性に基づく子育ての意義を強調した。しかしルソーはその主張においても女性は男性なしには生きていけないと述べるなど，女性を男性より劣位におく主張を行っていた[11]。とはいえ，子どもをどのように扱うか，育てるかが家長の責任・権限の範囲内とされていた家父長制社会において，女性の自然な役割として子育てをとらえる見方が普及したことは，その後の子育てや子どもの教育をめぐる家庭内の力学を複雑化することにもなった。

c. 人文主義的諸学校における教育実践

子ども期の教育の重要性は教育理念として一般に普及するだけではなく，実際の学校現場でも意識されていた。先述した人文主義に基づく教育を行った中等学校，たとえばフランスのコレージュやイギリスのグラマー・スクールなどの諸学校においても，いわゆる学齢期の子どもの規律が重視され，道徳に対する懸念・配慮が示された。たとえばイギリスでは，18世紀に富裕層の子弟をめぐる教育論争が起こったが，それはグラマー・スクールなどの学校において，子どもが集団のなかで競争，自恃（じじ），忍耐を経験することが重要だとする考え方と，少人数指導によって子ども一人ひとりにきめ細かく対応して道徳を守る教育を重視する考え方の対立であった。実際の学校現場では，グラマー・スクールにおいて教師が鞭打ち（むち）によって生徒集団の規律化を図る一方で（これは生徒

側の反発を招き，一部のグラマー・スクールでは軍隊が出動する騒ぎにまで発
展した），人文主義的内容に加えて自然哲学や近代語など幅広い教育を提供し
たウォリントン・アカデミーでは「個人指導を重視し，子どもの道徳に責任を
持つ」ことが生徒募集の広告で明記された[12]。

　しかしこれはいずれも富裕層向けの教育論であり，民衆・労働者の子どもた
ちに対するまなざしはこれとは異なっていた。ヨーロッパの多くの国で彼らに
対して教育が必要だとする考え方が国家政策で実現されるのは，18世紀末か
ら19世紀にかけてであり，この時期になってようやく，富裕層だけではなく
労働者階級の子どもたちが，一時期とはいえ労働から解放され，実際に子ども
期を送ることができるようになったと考えられている[13]。すなわち学校にお
ける基礎／初等教育がある程度普及することで，学童としての子ども期の経験
が多くの子どもにとっての共通の出来事になったのである。

　もちろん，公教育制度が開始された後も，労働者階級の子どもたちが将来の
労働者になるという道には変わりがなかったため，学校で学ぶ基礎教育が労働
市場で有利になるかどうかは，親が子どもを学校に行かせるかどうかの判断基
準となった。教育行政においても，職業教育をどのように学校教育の中に組み
込んでいくかが教育課題の一つとなり，たとえばイギリスでは，19世紀末に
基礎教育のカリキュラムの中に，女子向けの料理や家事に関する知識や技術と
男子向けの製図や基礎科学といった科目を選択科目として導入した。

　こうしてさまざまな教育課題に対応しながら公教育制度が徐々に整備されて
いくことになるが，このことは国家が個々の子どもの人生を考えるようになっ
たことを意味するのではない。世界の覇権と領土の拡大を求めて競い合ってい
た時代において，国民国家を形成するために，子どもたちを人口と捉え，教育
を国民国家形成の手段としたのである。

4 ｜ 公教育制度による基礎／初等教育

a. 公教育制度構築の背景

　19世紀のヨーロッパ社会に大きな影響を与えたのは工業化であった。工業

化は新しい技術者の需要を高めるとともに，工場労働という形態を産み出し，効率的で均質的な労働を担う労働者階級の形成ももたらした。労働者自身が選挙権等の諸権利を求めて運動を展開する一方で，仕事に有益な知識だけではなく，「人生を豊かにする」学びを求めて教育機会の増加を要求した。国家の側も国家政策として「国家が認める教育を受けた国民」を育成することの重要性を認識し，労働者階級を対象とした公教育制度の整備を進めた[14]。こうして実際の内容や目的に関する両者の考えの相違はともかくとして，「上」からも「下」からも労働者階級に対する教育への期待が高まり，これが教育行政を後押しすることとなった。

　工業化とそれとともに進展した都市化もまた，教育制度の整備に大きな影響を与えた。都市化によって農村から都市へと人々が移動し，都市人口が増加すると，犯罪数の増加や貧困層・浮浪児の処遇など新たな課題を生じさせた。こうした課題に対応する方途の一つとして主張されたのが，道徳教育と3R's（読み・書き・計算）を軸にした基礎教育の提供であった。各国で犯罪率と教育制度の普及状況が調査・報告され，これらの報告書は各国で翻訳され，互いに参照された。全国的な公教育制度を有することが「文明国」の証としてみなされるようになり，植民地の獲得や経済競争をめぐって各国が争っていた時代において，これまで教会や地域，個人に任されていた教育の領域に，国家が威信をかけて「治安維持・国民形成」という明確な意図を持って乗り出すこととなったのである。

b. フランスの公教育制度

　18世紀末から比較的早く公教育の制度が進められたフランスでは中世以来，教区学校が基礎教育の場として存続していた。とりわけ16世紀以降，カトリックとプロテスタントが競うように民衆向けの学校を設置した。しかし1685年にプロテスタントの信仰の自由を認めたナントの勅令が廃止され，カトリックへの改宗が奨励されるようになると，プロテスタントが勢力を持っていた地域に「小さな学校」が設立され，主にカトリックに改宗した親を持つ子どもを対象に，キリスト教徒に必要な宗教教育および読み書き等の教育が提供された。「小さな学校」は18世紀初頭に著しく普及するが，次第に，民衆の子

ども向けの「一般的知識」の伝達の場という性格が強められていった。革命期には教会ではなく国家が教育を主導するための方策を打ち出されたが，実現は難しかった。対してナポレオンは，1806年に「小さな学校」から大学学部に至るまでを網羅し，すべての教師を管理する「ユニヴェルシテ」を制定し，公教育の独占を図るシステムを作り出した。1833年には，すべての市町村が単独か他の市町村と合同で，最低一校の小学校を設置することや，この「公立」小学校以外にも「私立」小学校の設置を認めた「男子初等教育に関する法律（ギゾー法）」を，1850年には初等教育に「義務・無償」の原則を導入したファルー法が定められ，公教育制度が整備されていくことになる[15]。

c. イギリスの公教育制度

一方，イギリスにおける公教育制度は，国家主導のフランスとは対照的に，任意団体が設立した学校で提供されていた基礎教育を軸にして形成された。当初，民衆の子どもたちの基礎教育に力を入れていた2つの任意団体は，国教会系の国民協会と非宗派を掲げた内外学校協会であった。2つの任意団体はいずれも一斉教授を効率的に行う助教法（モニトリアル・システム／相互教授法）を導入したが，国民協会が考案者の一人ベル（Bell, A. 1753-1832）方式を採用した一方で，内外学校協会は同時期に助教法を考案したとされているもう一人の考案者ランカスター（Lancaster, J. 1778-1838）方式を採用した（図3-1）。

1833年，国家はこの2つの任意団体に基礎学校の校舎建設費用を補助する補助金制度を開始し，1839年以降，その補助金の適切な使途と効果を調査するために勅任視学官による査察制度を導入した。同年イギリス初の中央教育行政機関である枢密院教育委員会を設置し，以降，教育行政はイギリス国家にとって重要な政策の対象となっていく。1870年にはイギリス初の基礎教育法が制定され，任意団体立基礎学校のない地域に，地方住民から成る学務委員会を設置し，学務委員会立の基礎学校を建設することが可能となった。こうして授業料，補助金，寄付金で運営される任意団体立学校と授業料，補助金，地方税で運営される学務委員会立学校のデュアル・システムが開始された[16]。

フランスとイギリスでは公教育への国家の関与の仕方がまったく異なっており，その後の展開も対照的な道を歩んだ。イギリスが現在でも一般向けの学校

44

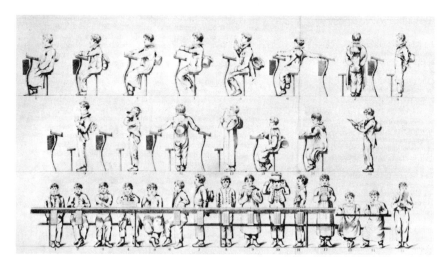

図3－1　内外学校協会発行の教師手引き（助教法のマニュアル）
（ロースン，J.・シルバー，H. 著，北斗・研究サークル訳『イギリス教育社会史』学文社，
2007 年）
助教法は年長の生徒の中から優秀な者を助教（モニター）に任命し，教師の補佐をさせる方法。
図は教師，または助教の号令によって生徒が取るべき姿勢・行動について図解したもの。た
とえば1（一番上の左）は助教が「手を下に」と号令すると手を膝に置くことを，その隣2
は助教の「手」という号令に合わせて，机を1回叩くことを示した図である。

とエリート向けの学校という複線型の教育制度を維持している一方で，現在で
は一元的な学校教育システムを有するフランスでは，19世紀以降，民衆向け
の学校と富裕層向けの学校が接近し，第一次世界大戦以後に，いわゆる「統一
学校」の概念が現れ，初等教育を「第一段教育」として位置づける運動が開始
された[17]。しかし，いずれも公教育システムの構築当初は，富裕層の子ども
の教育とは別に，労働者階級向けの公教育制度を作り上げたという点で共通し
ている。またその後，教員養成がもう一つの教育行政の重要な対象となること，
さらには20世紀初頭に新たな課題として中等・高等教育の再編という問題が
浮上するという点では同様の課題を抱えることになる。こうして教育行政が担
う領域は，教育のマス化に伴ってますます拡大していったのである。

5 | 教育の平等・不平等

a. リテラシーによる国民の分断

　公教育制度の整備が，人々の平等に寄与したかどうかについては，平等をどのように捉えるかによって異なる。多数の人々に教育の機会を提供した，という意味では，公教育制度が普及することで平等が図られたと言えるかもしれない。しかしヨーロッパにおける公教育制度の多くが，富裕層を除く労働者階級を対象にしたものであり，かつ労働者階級の人々の中でも，障害を持っていることや極貧などさまざまな理由から学校から遠ざけられた子どももいた。とはいうものの，ヨーロッパでは全体として，19世紀末から20世紀半ばにかけて，各国で識字率（読みあるいは読み書きといったリテラシーを獲得した割合）は向上した。もちろん，厳密には識字率と就学率は必ずしも連動するわけではなかったが，しかし公教育制度の存在が，実際に人々のリテラシーの獲得に何らかの影響を与えたことは否めない[18]。

　リテラシーの獲得は，人々に書物に触れる機会や自らの思想を世に伝える機会ももたらした。その意味で，労働者階級の人々がリテラシーを獲得したことが，階級意識の形成や既存の体制への抵抗を促したとする研究者もいる。その一方で，支配者側が自らの考えを労働者階級に浸透させるために，その言葉を理解できる程度のリテラシーの獲得を推進するなど，リテラシーを通じた社会統制を企図したことを指摘する研究もある。このようにリテラシーの獲得が，人々を解放する方途になることもあった一方で，別の場面では統制の手段となったように，その意味は多義的であった。この点はとても重要であるが，しかしながら公教育制度の整備によって人々は平等になったのかという問いにおいて重要なことは，識字率が上昇すればするほど，そのリテラシーの獲得に失敗した人が，そのコミュニティから排除される可能性を高めたことである[19]。

　多くの人がリテラシーを獲得していない社会において，これを獲得することは特別な能力を身につけたことを意味するが，多くの人がリテラシーを獲得している社会において，これを獲得することは当たり前のこととなり，むしろ獲

得していないことが「能力が劣っている証」として認識されるようになった。たとえば 20 世紀初頭には多くの国で公教育制度が普及したが，各国で課題となったのは，学校での教育についていけない「学業不振児」の存在であった。イギリス，フランス，ドイツでもこうした子どもたちのためのクラスや学校が設置され，「学業不振児」になる可能性のある子どもを見つけ出し，彼らに適した教育を提供するための手法の開発も進められた。1905 年にはフランスのビネー（Binet, A. 1857-1911）とシモン（Simon, T. 1873-1961）によって，世界初の知能を検査するための尺度が作成された。1916 年にはアメリカのスタンフォード大学のターマン（Terman, M. L. 1877-1956）によって，これを改訂した「スタンフォード・ビネー式知能検査」が作成され，学校の中で子どもの知能指数を検査し，知能の低い子どもたちを隔離する方向性を促した。こうして公教育制度の普及によって，基礎／初等学校で学ぶことが多くの人々にとっての「当たり前」の経験になると，学校での学びについていけない子どもたちが可視化され，知能という指標で序列化される事態を引き起こしたのであった[20]。

b. 国家による子どもの保護

公教育制度が普及することにより，学校からの排除が社会からの排除につながる要因の一つになったが，しかしながら同時に，それまで教育から排除されていた人々に教育機会を提供する可能性をもたらしもした。たとえばイギリスでは，19 世紀に入っても，最底辺の暮らしをしていた子どもたちは慈善や「幸運」によって偶然的に何らかの教育を受ける以外に，基本的には基礎教育のみならず，職業教育を受ける機会さえほとんど与えられなかった。そのため，彼らの多くが物乞いか犯罪者になるしかなく，地域社会からも当局からも社会の犠牲者であると同時に社会の治安を脅かす脅威としてみなされた。

しかしながら彼らもまた，将来の労働者となる重要な人口の一部だとみなされることで，各国で親や保護者が適切な養育，教育を提供できない子どもたちに国家がそれらを提供する制度が作られるようになる。たとえばイギリスでは 1857 年にインダストリアル・スクール法が制定され，極貧や虐待などの理由から親から適切な養育を受けていない子どもを収容する施設（インダストリア

ル・スクール）が設置されるように
なった[21]。

　さらにまた，第一次世界大戦および
第二次世界大戦を経て，多くの国で初
等学校／小学校の就学が普遍化し，将
来の国家を担う子どもの健康が学校を
通じて政策の対象となっていくと，衛
生に関する知識や給食，医療もまた，
子どもたちに提供される基礎教育の一
部として位置づけられていくことにな
る[22]。

　歴史上，基礎教育の内容は時代や社
会によって異なっていた。公教育学校
で教えるべき知識はどのようなもので
あるか，学校が果たすべき機能は何か，
誰を公教育の対象に含めるのかをめ
ぐって，現代においても各国で模索が
続いている。それに伴って，知識や技
能のみならず，子どもの心身の健康や
命，そして安全を守ることも含めて，
今もなお，基礎／初等学校の機能は，
拡大し続けている。

図3－2　警察官が「浮浪児狩り」を
している場面
(Swain, S. and Hillel, M. *Child, Nation,
Race and Empire* [Manchester 2010])
イギリスでは1824年の「浮浪者取締法」
により，戸外就眠も物乞いも「好ましか
らぬ路上徘徊者」として逮捕されるよう
になった。こうして逮捕された子どもの
なかで，適切な養育を受けていないと判
断された子どもの一部が，インダストリ
アル・スクールに送られた。

引用・参考文献

1) 岩村清太『ヨーロッパ中世の自由学芸と教育』知泉書館，2007年
2) 岩下誠・三時眞貴子・倉石一郎・姉川雄大『問いからはじめる教育史』有斐閣，
　 2020年；橋本伸也・藤井泰・渡辺和行・新藤修一・安原義仁『エリート教育
　 （近代ヨーロッパの探求①）』ミネルヴァ書房，2001年
3) 佐久間弘展『若者職人の社会と文化——14～17世紀ドイツ』青木書店，2007
　 年
4) 三時眞貴子「19世紀末イングランドにおける救貧児童の教育——公営基礎学校
　 への進学をめぐって」『愛知教育大学研究報告（教育科学編）』第60輯．2011

48

年

5）メインズ，M. J.・ウォルトナー，A. 著，三時眞貴子訳『家族の世界史』ミネルヴァ書房，2023 年

6）岩下誠他，前掲書

7）ロック，J. 著，北本正章訳『ジョン・ロック「子どもの教育」』原書房，2011 年

8）ルソー，J. J. 著，今野一雄訳『エミール（上)』岩波書店，1962 年

9）北本正章『子ども観の社会史』新曜社，1993 年；カニンガム，H. 著，北本正章監訳『概説　子ども観の社会史 ── ヨーロッパとアメリカからみた教育・福祉・国家』新曜社，2013 年

10）北本正章『子ども観と教育の歴史図像学 ── 新しい子ども学の基礎理論のために─』新曜社，2021 年

11）ルソー，J. J. 前掲書

12）三時眞貴子『イギリス都市文化と教育』昭和堂，2012 年

13）岩下誠他　前掲書

14）ロースン，J.・シルバー，H. 著，北斗・研究サークル訳『イギリス教育社会史』学文社，2007 年

15）池端次郎編『西洋教育史』福村出版，1994 年

16）松塚俊三・安原義仁編『国家・共同体・教師の戦略 ── 教師の比較社会史』昭和堂，2006 年

17）池端次郎編　前掲書

18）識字率については，ヴィンセント，D. 著，北本正章監訳『マス・リテラシーの時代』新曜社，2011 年を参照。就学率については，フローラ，P. 編，竹岡敬温監訳『ヨーロッパ歴史統計　国家・経済・社会　1815－1975 年　上』原書房，1983 年を参照。

19）岩下誠他　前掲書

20）鈴木理恵・三時眞貴子編『教師教育講座　第 2 巻　教育の歴史・理念・思想』協同出版，2014 年

21）三時眞貴子「浮浪児の処遇と教育」『教育科学』29，2012 年；三時眞貴子・岩下誠・江口布由子・河合隆平・北村陽子編『教育支援と排除の比較社会史 ──「生存」をめぐる家族・労働・福祉』昭和堂，2016 年

22）橋本伸也・沢山美果子編『保護と遺棄の子ども史』昭和堂，2014 年；増田圭祐「20 世紀初頭イギリスにおける学校医療サービスの発展 ── ロンドン学校診療所に注目して」『日本の教育史学』60，2017 年

4章

日本の初等教育史

1 | 学校の発達の歴史

a.「学校の時代」の近代

「20世紀は学校の時代」であったといわれるように，近代以後の社会では多くの学校が設立されるようになり，学校教育が発展した。その延長上にある21世紀を私たちは生きている。21世紀初頭，初等教育から高等教育を担う日本の学校は4万3000校を超え，就学者数は全人口の5分の1程度を占める[1]。日本は世界で最も学校での教育が発達している国の一つといってよい。私たちは20世紀から続く「学校の時代」を，今まさに経験している[2]。

b. 前近代の「教育」と「学校」

留意しておくべきは，「教育」と「学校」は単純に等しいものではないことである。教育に関する営みは，政治，経済，文化，社会，宗教など，さまざまな要素とかかわりあって成立している。現在も過去も，教育は多様な要素や意味，作用を含み込んで形成される営為である。その営みの場は学校に限らず，家庭や地域，職場など，種々に広がっている。

とりわけそれは国民教育のための学校制度が確立する以前の社会，すなわち前近代の社会で顕著であった。イニシエーション（通過儀礼）や労働，生活を通じた人間形成が，家庭や地域（村落共同体）で分厚く行われた。前近代の社会において教育の主たる場は，学校ではなく，むしろ家庭や地域であった。

c. 江戸時代の学校

　教育の主たる場が学校に移るのは近代においてであるが，前近代においても学校（学校的施設）の発達があった。とくに江戸時代は「教育爆発の時代」[3]や「『勉強』時代の幕あけ」[4]ともいわれ，学校の発達が著しかった。

　江戸時代の学校は３つに大別できる。第一は，幕府や藩が設立した武士教育のための学校である。幕府は儒学教育の場として昌平坂学問所（昌平黌）を江戸の神田湯島に設けた。３代将軍・徳川家光が支援して儒者・林道春に開かせた家塾・弘文院が前身となってこの学問所が置かれた。また，幕府は学問分野別に，医学教育の場として医学館（和漢医学）と種痘所（西洋医学，後に医学所），洋学研究の場として蕃書調所（後に洋書調所，開成所），軍事教育の場として講武所（後に海軍所・陸軍所）などを設け，教育研究を推進した。

　諸藩も学校を設立し，藩校（藩学）と称される。藩校では儒学や武芸の教育が行われた。藩校は約250校あり，よく知られるものとして水戸藩の弘道館（図４－１），尾張藩の明倫堂，岡山藩の花畠教場（後に岡山学校），熊本藩の時習館などがある。藩校は基本的に武士教育のための学校であり，なかには庶民に入学を許す藩校もあったが，それは部分的な開放であった。

　第二は，専門的な教育を私的に行う学校である。私塾と呼ばれる。私塾は藩校と異なり，士庶共学の学校であった。武士だけでなく，広く農民や商人など，庶民の子どもも学んだ。私塾は少なくとも1500校の開設があったと把握され，広く各地に普及した[5]。

　私塾は漢学校が最も多く，なかでも豊後国日田（大分県日田市）で広瀬淡窓が主宰した咸宜園は著名である。淡窓は「三奪」という身分・年齢・学歴を問わない人物・能力主義の方針で門弟教育を行った。咸宜園には全国から約4000人の入門者があった。女性

図４－１　弘道館正庁（水戸市，筆者撮影）武芸を行う対試場もあり，文武の教育が行われた。

の入門者もあった。門弟が帰郷して開く塾の展開もあった[6]。日田は江戸時代における漢学・漢詩教育の中心地だった。

　よく知られる私塾は，漢学では中江藤樹の藤樹書院（近江国小川，滋賀県高島市），菅茶山の廉塾（備後国神辺，広島県福山市），吉田松陰の松下村塾（長門国萩，山口県萩市），国学では本居宣長の鈴屋塾（伊勢国松坂，三重県松阪市），蘭学では緒方洪庵の適塾（適々斎塾ともいう，大坂，大阪市）などがある。適塾には当時の豊前国中津藩（大分県中津市）の下級藩士であった福沢諭吉も学び，自伝に大坂での適塾時代を記している[7]。外国人が開く私塾もあり，ドイツ人のシーボルトは長崎に鳴滝塾を開き，西洋医学を教えた。このように，さまざまな専門，カリキュラム，規模，形態を持つ私塾が開設された。既存の幕藩立学校が満たしえない人々の学習要求を柔軟に吸収し，時代の要求に応えて発達したのが私塾だったといえる。

　また，私塾の一形態と考えられる郷校（郷学）がある。私的な学校が私塾であるが，とくに地域の有志者が共同で設立したり，幕府や藩の支援を得て運営されるものがあり，郷校という。郷校は公的学校の性格も一面にもつのが特色である。前者では，大坂町人らが共同出資して創設した懐徳堂，後者では，岡山藩主の池田光政が創建した閑谷学校（図4-2）が例に挙げられる。

　第三は，読・書・算の初歩的な教育を行う学校である。寺子屋がそれである。寺子屋は高校までの教科書にも載り，周知のものであろうが，近年は「手習塾」と呼ばれることも多い。その理由は，①寺子屋では子どもはとくに書くこと，つまり師匠からもらった手本を草紙が真っ黒になるまで書きまねること（手習い）を学習の中心としたため，②「寺子屋」の呼び方は大坂を中心に上方では流通したが，江戸ではそうではなく，全国に通じる一般的な歴史用語ではなかったため，③江戸時代に民間に発達した寺子屋は，中世まで

図4-2　閑谷学校講堂（備前市，筆者撮影）

の寺院での世俗教育の伝統とは区別される近世的性格を持つものであり，「寺」を含む呼称は改められるべきであるため，などによる。

寺子屋は広く庶民社会に普及した民間の学校であった。武士の子どもは読・書・算の初歩的教育は家庭で受けることが普通であり，武士の子どもが通う寺子屋もあったが，多くの寺子屋は庶民の教育の場として役割を果たした。寺子屋は基本的に民営であり，幕府や藩の管理を受けない。なかには岡山藩で置かれた公営の「手習所」のような例もあるが，それは独自の文教施策と見てよい。

寺子屋で使う教科書を往来物と総称した（図4－3）。「往来」は手紙のやりとりを意味する。往来物は必ずしもどれも手紙形式で編まれるわけではないが，教科書を往来物と呼ぶあり方は，手紙を不自由なく書き，遣ることのできる能力を，人々の生活に必要な一つの能力として見る，識字への実際的なまなざしが感じられ，興味深い。往来物は地理関係（「村尽」「国尽」等），産業関係（「商売往来」「百姓往来」「番匠往来」等），教訓関係（「実語教」「童子教」等）など，さまざまな種類が流通した[8]。子どもはこれらの往来物の中から，師匠が与える手本により，自分の生活する土地や職業に応じた内容をそれぞれ学習した。商家の子どもは「商売往来」を手本に勘定や商品を覚え，農家の子どもは「百姓往来」を手本に農具や作物を覚えるというように，それぞれ身分や職業で学習内容は異なった。実生活に即した内容を学習するのが寺子屋の基本的な学びであった。

寺子屋の数や寺子屋に通った子どもの数は正確には明らかにならないが，男児だけでなく，女児も通った。手習師匠は武士や僧侶，神官，医者のほか，町人や農民もつとめた。女性師匠もおり，三味線や謡を教えることもあった。寺子屋数は『日本教育史資料』に報告されるだけでも1万5000軒以上あり[9]，さらに近年の筆子塚（手習師匠の墓）（図4－4）の調

図4－3　往来物の例
「船方往来」（安政期頃）の一部。漁民子弟用で，漁業関係の内容の教科書。（岡山大学所蔵）

査・発見により，その数は4万5000〜5万軒ほどになると推定される。この数は現在のコンビニエンス・ストアの数に近い。江戸時代の「教育爆発」を支えた寺子屋の普及ぶりがうかがえる。

　前近代の社会でこのように寺子屋が普及し，武士や一部の特権階層の子どもだけでなく，より幅広い階層の子どもが読・書・算の能力を習得していたことは，近代学校教育制度が比較的短期間に定着するのに有利な条件であった。

図4−4　筆子塚の例
台石に「門弟中」とある。門弟（寺子）たちが師匠への報恩の念からその菩提を弔うために建てた墓。（鳴門市，筆者撮影）

2 ｜ 近代国家の成立と国民教育の進展

a.〈私〉の営みから〈公〉の営みへ

　1867（慶応3）年，江戸幕府による大政奉還がなり，1868（慶応4・明治元）年，明治新政府が発足した。明治政府は近代国家建設をめざし，国民教育の振興を図った。とくに日本やドイツなどの後発資本主義国では，国家主導の「上から」の近代化を進めるため，公教育制度の確立に力が注がれた。無償性・無宗派性・義務性の公教育制度が形成された。

　1871（明治4）年，文部省が設置され，翌1872（明治5）年，「学制」が制定された。「学制」は日本における最初の国家的学校教育制度である。「学制」の発布に先立ち，政府のめざす教育方針が明らかにされたのが，太政官布告「学事奨励に関する被仰出書」においてであった。「学制序文」として位置づけられるこの布告では，「学問は身を立るの財本ともいふべきもの」と謳われ，

図4-5　福沢諭吉
慶應義塾創設者。同塾は 1920（大正
9）年に大学昇格。（国立国会図書館
蔵）

教育による立身や栄達を奨める個人主義・
実学主義的な教育観が示された。また，
「一般の人民華士族農工商及婦女子，必ず
邑に不学の戸なく家に不学の人なからしめ
ん事を期す」と述べられ，国民皆就学の方
針が明らかにされた。ここに教育上の四民
平等と男女平等が構想されたことは重要で
ある。身分や階層，性によって区分された
教育ではなく，すべての者が等しく初等教
育を受ける公教育制度の確立がめざされた
のは，19世紀，世界的動向においても画
期的なことであった。たとえば，イギリス
でも 1870 年の「初等教育法（フォスター
法）」によって公立学校が整えられるよう
になる。

　江戸時代まで人々は職業や続柄，性別によって異なる教育を受け，異なる生
き方をするのが普通であった。また，「余力学文」という学習観を持ち，落語
で「なんだお前，字が書けるのか，どおりで腕が半人前なんだ」というような
くだりがあるように，積極的な教育はむしろ戒められるべきものだった。それ
が大きく変わる。国家が国民の誰もが学校へ通うことを求める方策を，『学問
のすゝめ』で知られる福沢諭吉（1835-1901）（図4-5）は「強迫教育法」と
も呼び，これを「今日の日本に於いて甚だ緊要なりと信ず」[10]と述べて賛成
した一人だった。19世紀，教育の私事性を保持する前近代の封建社会から，
教育の公共性を強調する近代の国民国家へ，教育をめぐる時代状況が大きく転
換した。「学制」以後，政府の教育政策は義務教育制度の確立をめざして一貫
していく。

b.「学制」と近代学校教育制度の始動

　政府は「学制」の制定に際し，学区制を導入した。近代日本の教育制度はフ
ランス，オランダ，ドイツ，イギリス，アメリカなど，欧米諸国の教育制度を

参照して形成された。学区制は主にフランスの制度がモデルとされた。「学制」
では，全国は8大学区に分けられ，各大学区は32中学区，各中学区は210小
学区に分けられた。それぞれ大学区に大学，中学区に中学，小学区に小学が置
かれる。そうすると，全国で5万3760校の小学が設置されることとなる。こ
れは人口600人程度に1つの小学を設けることを基準としたといわれ，政府の
初等教育重視の方針が表れている。

　小学は下等小学4年と上等小学4年からなり，6歳以上の児童に8年就学を
求めた。進級は年齢による学年制でなく，試験による学習進度別の等級制が採
られた。近代学校の学級は，個人の能力を重視する編成で始まった。等級制は
1885（明治18）年に廃され，現在のような学年制が普及するようになる。

c.「教育令」の公布と改正

　「学制」の構想する制度は遠大に過ぎ，地域の実情に合わないという批判が
あった。板垣退助（1837-1919）らが展開する自由民権運動の高まりも背景と
なり，政府は1879（明治12）年，新たに「教育令」を公布した。文部大輔の
田中不二麿（1845-1909）や文部省学監のアメリカ人モルレー（Murray, D.
1830-1905，マレーとも表記）が同令の立案にあたった。同令は「自由教育令」
とも通称される。アメリカの制度をモデルとし，自由主義・地方分権的な方針
に特色があった。就学の弾力化が図られ，学齢期6〜14歳のうち，16か月の
就学を求めるものとなった。

　しかし，就学の自由を認める方針は，国民の消極的な就学動向を招くことに
もなった。就学の停滞を打開するため，「教育令」は1880（明治13）年，はや
くも改められた。文部卿の河野敏鎌（1844-1895）が作業にあたった「教育令」
の改正では，小学校は初等科（3年），中等科（3年），高等科（2年）の3段
階の設定となり，初等科の3年が最低就学期間と定められた。国民への就学圧
力を強める内容であり，「干渉教育令」とも呼ばれた。

　また，「教育令」改正に際し，「小学校教則綱領」（1881年）における修身科
の筆頭科目化がなった。徳育強化路線が顕在化した背景には，「教学聖旨」を
著して開明派の伊藤博文（1841-1909）や井上毅（1844-1895，「教育議」起草
者）と対立した，復古派の元田永孚（1818-1891）の主張があった。

d.「学校令」と森有礼

　1885（明治18）年，内閣制度が発足した。伊藤博文が初代内閣総理大臣となり，文部大臣には森有礼（1847-1889）（図4－6）が就いた。森はイギリス留学や在外公使の経験があり，また福沢諭吉や西周（1829-1897）らと結成した明六社のメンバーでもあり，西洋教育事情に通じた人物であった。

　最初の文部大臣となった森は，その翌1886（明治19）年，「学校令」を制定し，教育改革に着手した。「学校令」は「小学校令」「中学校令」「帝国大学令」「師範学校令」の4つからなる。従来の学校全般を扱う法令ではなく，学校種別の法令を定め，学校体系の確立をより具体的に図るものであった。

　「小学校令」では，小学校は尋常小学校（4年）と高等小学校（4年）の2段階に再編された。義務教育年限を尋常小学校の4年と規定し，学齢児童の就学に対する父母・後見人の義務も明示された。また，地域の実情に応じ，尋常小学校の設置が難しい場合，小学簡易科（3年）を置くことを認め，広く就学促進を図る措置も講じられた。初等教育を重視し，義務教育制度の確立をめざす「学制」以来の方針は，森においても引き継がれた。

図4－6　森有礼
（国立国会図書館蔵）

　「中学校令」では，中学校は尋常中学校（5年）と高等中学校（2年）の2段階に分けられた。前者は各府県に1校，後者は全国に5校が設置された。とくに高等中学校は1894（明治27）年，「高等学校令」の制定により，高等学校と改称された。高等中学校はエリート養成校として期待され，帝国大学へ接続する階梯に明確に位置づくこととなった。高等学校は高等中学校から改編された第一高等学校（一高，東京），二高（仙台），三高（京都），四高（金沢），五高（熊本），さらに新設の六高（岡山），七高（鹿児島），八高（名古屋）がナンバー・スクール（官立）と呼ばれた。

　森の定めた「帝国大学令」は国家主義的色彩の強いものであった。大学は国家のための教育研究の場として位置づけられ，卒業生の多くは官庁や官公立学校に就職した。帝国大学は従来の東京大学を母体に発足し，まず東京に置かれた。ついで京都帝国大学（1897年）が設けられ，以後，東北帝国大学，九州帝国大学，北海道帝国大学，大阪帝国大学，名古屋帝国大学の設置があった。京城帝国大学（現ソウル大学校）と台北帝国大学（現台湾大学）も設けられた。

　森は初等教育振興のためには教員養成が重要であることを強く認識していた。森が定めた「師範学校令」は戦前の師範教育を基礎づけた。師範学校は尋常師範学校（後に師範学校に改称）と高等師範学校の2段階に設定された。主に小学校教員と同校長の養成を担い，各府県に設置されたのが尋常師範学校（府県立）であり，主に中等教員と尋常師範学校長の養成を担い，東京に1校設置されたのが高等師範学校（官立）であった。とくに高等師範学校（高師）は「教育の本山」とも称され，初等教育から中等教育に至る普通教育の中枢として役割を果たした。高師は東京についで広島にも置かれ，東京高等師範学校と広島高等師範学校（1902年）が成立した。また，東京女子高等師範学校や奈良女子高等師範学校なども設置され，女性教員養成の充実が図られた。

　師範学校の教育では学力とともに人物が重視された。とくに「順良」「信愛」「威重」の3気質を生徒に求めた。その涵養（かんよう）のため，全寮制や兵式体操も導入された。師範学校には附属学校が付設され，教育実習が行われた。生徒は在学中の学資は公費支給を受け，卒業後は一定期間の教職服務義務を負った（たとえば，高師卒業生の場合10年）。

　師範学校は教員養成の正規ルートとして教育人材を輩出したが，学校現場では慢性的な正教員不足が続いた。小学校現場では臨時講習会による無試験検定で免許状を得た者，中等学校現場では帝国大学出身者や「文部省教員検定試験」（文検）合格者らも教壇に立ち[11]，近代教育の進展を支えた。

　森は1886（明治19）年，教科書の検定制も導入した。検定制が国定制に変わるのは1903（明治36）年である。以後，国定教科書が戦前を通じて使われた。

e.「小学校令」の改正と義務教育制度の確立

　大日本帝国憲法が公布された翌年の1890（明治23）年，「小学校令」は全面

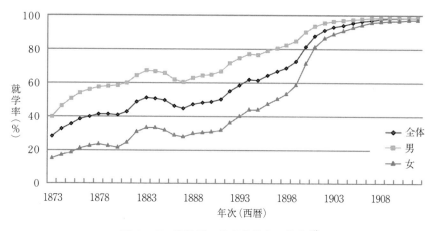

就
学
率
（
％
）

図4－7 明治期の児童就学率の推移 [12]

改正され，新しい「小学校令」（第二次）が制定された。児童の就学を保障すべく，これまでの保護者等の就学義務に加え，市町村の小学校設置義務の規定が明らかにされた。さらに義務教育期間の尋常小学校4年間を授業料不徴収とすることを決め，4年義務教育の無償制が定まるのは1900（明治33）年に再改正される「小学校令」（第三次）の制定を待つことになるが，ここ19世紀末に至り，児童就学を保障する義務教育制度が確立をみるのであった。

　文部省の統計によると，児童就学率は図4－7のように上昇し，明治期のうちにほぼ皆就学を達成する。そして，1907（明治40）年，再度改正された「小学校令」（第四次）において，尋常小学校の修業年限は6年に延長され，6年制の義務教育制度が成立した。6年義務教育は戦前を通じて維持された。

f．女子のための中等学校

　児童就学率の上昇は，就学をめぐる地域差と性差がなくなっていくことを含意する。とくに小学校を卒業し，中等学校に進もうとする女子の教育要求が高まり，これに応えるため，女子中等学校の整備が進められた。

　1891（明治24）年の「中学校令」の改正に際し，高等女学校が「女子ニ須要ナル高等普通教育ヲ施ス所」として制度化された。1899（明治32）年には「中学校令」とは別に「高等女学校令」が公布され，女子の学校を定める法令

が男子のそれから独立した。女子のための中等学校が内実を備えるようになる。

　また，1910（明治43）年の「高等女学校令」の改正に及び，家政教育に重点を置く実科高等女学校も成立した。実科高等女学校の開設は都市部だけでなく，広く農村部にもわたり，女子中等教育の普及に役割を果たした。

　男子の中等学校を「中学校」と呼び，女子のそれを「高等女学校」と呼ぶのは，男子にはさらに大学等の高等教育機関への進路が開かれ，女子には中等教育をもって教育の到達段階とみなすような，区別的なニュアンスをそこに指摘できる。高等女学校では良妻賢母主義に基づく教育が行われ，「家庭婦人」としての技芸教養を習得する場として期待された中等学校であったといえる。

g. 教授法の改善

　国民教育を支える近代学校においては，江戸時代の寺子屋での教育のように，学びたい（学べる）子どもがめいめい寺子屋に通い，師匠は通ってきた子どもに個別に指導を行う，という仕方は非効率的であると考えられた。近代学校の教室では個別教授法にかわり，一斉教授法（図4－8）が使われることとなる。

　イギリスで開発され，ヨーロッパやアメリカで発達した一斉教授法は，日本へは，アメリカ人教師のスコット（Scott, M. M. 1843-1922）により導入された。スコットらのように，外国から招かれた教師をお雇い外国人教師と呼んだ。

　アメリカの師範学校で学び，1878（明治11）年に帰国した伊沢修二（1851-1917）と高嶺秀夫（1854-1910）は，ペスタロッチ主義の理論と実践を日本に伝えた。オブジェクト・レッスン（庶物指数）と呼ばれる事物に即した教授により，子どもの感覚や知覚，認識能力を高めようとする開発教授法を広めた。伊沢は唱歌教育の振興に貢献

図4－8　一斉教授法の図解
『小学入門教授図解』（1877〈明治10〉年）から。師範学校で使われた教授法テキスト。一斉教授法が図解されている。教師は掛図（五十音図）を用いて教えている。単語図も掛かる。掛図は視覚教材だった。（国立教育政策研究所教育図書館蔵）

があった。

　アメリカの影響を受けて始動した近代日本における教授法の模索は，明治
20年代頃からドイツ教育学の影響を強く受けるようになる。帝国大学のドイ
ツ人教師ハウスクネヒト（Hausknecht, E. 1853-1927）はヘルバルト学派の教
授理論を伝え，段階的教授法という一斉教授のための新しい方法を紹介した
[13]。

　教員養成の中心地たる高等師範学校や師範学校でもアメリカからドイツへの
教育学受容の転換が進んだ。ドイツにおいてヘルバルト（Herbart, J. F. 1776-
1841）により，倫理学と心理学を土台にして構築された教育学は，教育方法の
合理化を図り，一斉教授法に理論的根拠を与えるものであった。ヘルバルトは
段階的教授法を開発し，授業を明瞭—連合—系統—方法という4段階で展開す
る方法（四段階教授法）を考案した。さらにヘルバルト教育学を継承したツィ
ラー（Ziller, T. 1817-1882）やライン（Rein, W. 1847-1929）が教授法を磨き，
日本ではラインの五段階教授法（予備—提示—比較—概括—応用）が広く受容
された。ヘルバルト学派の段階的教授法は，教師が系統的な授業を実現するの
に有効な方法であったが，教師中心の授業であり，教授の固定化と授業の画一
化を招くとして批判もあった[14]。ともあれ，ヘルバルト学派の教授法が近代
日本で受容されたのは，義務教育制度の確立に向け，より多くの子どもを学校
に通わせ，その子どもに平準的・効率的に教育を提供する一斉教授を行うため，
経るべき必要な過程であったといえよう。段階的教授は現在でも，たとえば
「導入—展開—まとめ」を使う。

3 ｜ 大正時代の学校と教育家の活動

a. 新教育運動の機運

　児童の皆就学がほぼ達成されるのは，統計レベルでは明治時代においてだが，
地域の実態レベルで見ると，学校に在籍はしていても毎日通学するわけでない
子どもも多かった。学齢期の子どもの誰もが毎日学校に通うことが常態になる
のは1920年代，すなわち大正末期から昭和初期頃になると推定される[15]。

　大正デモクラシーの息吹く時代，民主主義や自由主義の思潮は教育界にも濃く，新しい教育実践が試みられた。その実践は世界的な新教育運動の展開を背景にした。『児童の世紀』（1900年）を著し，児童の個性と自己活動を重視したスウェーデンのケイ（Key, E. K. S. 1849-1926）や，『民主主義と教育』（1916年）や『経験と教育』（1938年）を著し，プラグマティズム（実験主義）の思想を明らかにしたアメリカのデューイ（Dewey, J. 1859-1952）は，世界的に大きな影響を与えた思想家・教育家であった。日本の教師の中でも子ども中心主義の教育が模索された。教師中心でなく，子どもの個性や活動を重視する教育運動が展開され，「大正新教育運動」や「大正自由教育運動」と呼ばれた。

b. 大正新教育運動の展開

　たとえば，及川平治（1875-1939）が明石女子師範学校附属小学校で実践した「分団式動的教育法」は，学級一斉教授に分団教授や個別教授を積極的に組み入れ，子どもの自主的な学習活動をうながそうとするものであった。

　木下竹次（1872-1946）は奈良女子高等師範学校附属小学校で「学習法」や「合科学習」の実践を行った。木下は子どもの自律的な学びこそが「学習」と考え，「独自学習」という考え方を強調した。また，教科ごとの知識習得重視の教育を批判し，生活単位による教科横断的な「合科学習」を進めた。教師は既存の教科書に依存せず，独自教材を開発することでも注目された。

　また，手塚岸衛（千葉県師範学校附属小学校）の「自由教育」や，北澤種一（東京女子高等師範学校附属小学校）の「作業教育」の実践も留意される。

　私立学校でも特色的な実践が行われた。沢柳政太郎（1865-1927）が創設した成城小学校では，個性尊重の教育，自然と親しむ教育，心情の教育，科学的研究を基礎とする教育をめざし，子どもの自発的な学習をうながす教育を行った。アメリカのパーカースト（Parkhurst, H. 1887-1973）が考案したドルトン・プランも実施された。同校には，後に明星学園を創る赤井米吉，玉川学園を創る小原國芳も在籍した。

　羽仁もと子の自由学園，西村伊作の文化学院，野口援太郎と野村芳兵衛の池袋児童の村小学校なども，全国から注目を集める実践を行った。

　また，芸術教育の進展もあった。鈴木三重吉が主筆をつとめた児童文芸雑誌

『赤い鳥』の刊行や，山本鼎による自由画教育の展開も看過できない。

c. 八大教育主張

　大正新教育運動の到達を示す成果の一つが「八大教育主張」と呼ばれる教育論である。1921（大正10）年，東京で大日本学術協会が主催する「八大教育主張講演会」が開かれた[16]。8人の教育家が教育論を問うた。及川平治の「動的教育論」，稲毛金七の「創造教育論」，樋口長市の「自学教育論」，手塚岸衛の「自由教育論」，片上伸の「文芸教育論」，千葉命吉の「一切衝動皆満足論」，河野清丸の「自動教育論」，小原國芳の「全人教育論」である。講演会には2000人を超える聴衆が全国から集まったという。小原ら講演者は日本の教育実践を主導するリーダー的役割を果たした。

4 ｜ 戦時体制下の国民教育と学校

a. 1つの「国民」

　近代国家の形成と公教育制度の確立は，重なる過程であった。公教育は「国

図4−9 与謝野晶子
（国立国会図書館蔵）

民」，すなわち同一の意識・感情・価値観を持つ国民を育成する装置として機能した側面があった。前近代の封建社会では，人々はそれぞれ身分や性で異なる生き方をする存在であり，いわば分断された国民だった。近代の公教育制度はこれを一つの国民に作りあげていく。学校がナショナリズムを広め，またナショナリズムが学校を普及させた。ナショナリズムの高潮と歩を重ねて就学率は上昇した。

　日清・日露戦争期に日本のナショナリズムは1つの高潮期を迎えた。第一次世界大戦を経て，やがて1937（昭和12）年，中国との長期的な戦争に突き進んでいく。かつて日露

戦争で従軍する弟に「君死にたまふことなかれ」（1904年）と詠み，非戦の態度を明らかにしえた与謝野晶子（1878-1942）（図4 - 9）も，第二次世界大戦時に出征する子には「強きかな，天を恐れず，地に恥ぢぬ，戦をすなる，ますらたけをは」（1942年）という大政を翼賛する言葉を向けたように，日本国民のナショナリズムはいよいよ昂揚をきわめた。

b.　教育勅語と国民教育

戦時体制下の国民教育を強固に基礎づけてきたのは，1890（明治23）年に渙発された「教育ニ関スル勅語」（教育勅語）であった。天皇が教育に関して国民に与えた勅語である。明治天皇から首相・山県有朋と文相・芳川顕正に下賜された。以後，戦前日本の国民教育の「柱」の位置を占めた[17]。

教育勅語は井上毅が起草し，元田永孚が修正を加えたとされる。その全文は315字からなる小文であるが，内容は3つから構成される。第一は序文部分であり，皇室中心の「国体」に基づく国民教育と国民道徳の重要が説かれる。第二は中間徳目部分であり，孝行，友愛，調和など，12の徳目が国民の守るべき徳目として挙げられる。第三は結文部分であり，以上は永遠の真理としての教訓であることが強調される。漢文の文章は「爾臣民」というふうに，天皇が国民に語る言葉として著されている。その言葉とは，「臣民」たる国民が「朕」すなわち天皇のために忠を尽くすことを，とくに求める内容であった。

勅語渙発翌年の1891（明治24）年，第一高等中学校の内村鑑三（1861-1930）が教育勅語奉読式で拝礼を拒否するという不敬事件も起きたが，「小学校祝日大祭日儀式規程」（同年）などを通じ，教育勅語は学校現場に浸透していった。

教育勅語が国民教育の思想的基盤としていわば神聖化されていくのが，1930年代，とりわけ日中戦争激化の中で押し広がる軍国主義の潮流においてであった。教育勅語は学校儀式で奉読されるだけでなく，子どもはその内容と精神が修身科の授業で教えられ，また暗誦が強いられた。どの学校でも教育勅語（謄本）は御真影（天皇・皇后の写真）とともに奉安殿（図4 - 10）と呼ばれる特別な場所に保管され，子どもは拝礼が求められた。2013年に映画化された妹尾河童の自伝的小説『少年H』でも戦時体制下の少年のそうした教育経験が表現されている[18]。高齢者の中には，今でも教育勅語を諳んじる方がいる。

図 4 − 10　奉安殿の例
昭和 15（1940）年完成。戦後，ほとんどが取り
壊されたが，現在に残る例もある。（倉敷市，
筆者撮影）

　教育勅語が学校現場に登場した
1890 年代，教育勅語に基づく教
育を受けた世代は，学校に通う
10 代を中心にまだ国民の少数で
あった。しかし，日中戦争を経て
第二次世界大戦に突き進む 1930
〜 40 年代，教育勅語世代は子か
ら父母，祖父母まで，国民のほぼ
全世代に及ぶこととなる。国家が
定める価値の伝達機関として「臣
民」形成に果たした学校の機能が，
あらためて検討されよう。

c. 国民学校の成立

　「国家総動員法」（1938 年）施行下，教育政策も軍国主義色を強めた。近衛
文麿内閣の諮問機関として設置された教育審議会の答申に基づき，1941（昭和
16）年，「国民学校令」が制定された。初等教育機関から「小学校」という名
称が消え，「皇国ノ道ニ則リテ初等普通教育ヲ施シ国民ノ基礎的錬成ヲ為ス」
ことを目的とする国民学校による初等教育が開始された。

　国民学校は初等科（6 年），高等科（2 年），特修科（1 年）から編成された。
留意されるのは，初等科と高等科の計 8 年を義務教育年限とする，という従来
の 6 年から 2 年の延長が計画されたことである。ただ，この延長は戦局の悪化
で実現しなかった。教科は国民科，理数科，体錬科，芸能科などが設けられた。

　また，中等教育については，従来の中学校，高等女学校，実業学校等を制度
的に統一して中等学校とする政策も実行された。

　勤労青少年の教育の場として青年学校も設置された。従来の実業補習学校と
青年訓練所を統合したもので，満 12 歳以上の者が入学した。青年学校は当初

は農村部での設置が多かったが，都市部でも設置が進み，私立の青年学校が工場や事業所に設けられることもあった。勤労青少年の中等教育機会が拡大した。

d．学徒の動員と出陣

戦時体制下の非常措置として，軍事産業の労務需要に応じる学徒動員が行われた。文部省は 1938（昭和 13）年，「集団的勤労作業運動実施ニ関スル件」を通牒し，学生・生徒を勤労動員した。1944（昭和 19）年には国民学校児童の動員にも及び，食糧増産，軍需生産，緊急物資生産，輸送力増強のために働く子どもは，国民学校から大学まで，合計 290 万人近くにのぼった。人間形成と学びの場としての学校は，その機能をほとんど失うこととなった。

戦争遂行の国家的要請は，ついに学徒を戦地に向かわせる事態を招来した。いわゆる学徒出陣である。大学などに認めていた学生・生徒の在学中の徴兵猶予を，1943（昭和 18）年，政府は停止し，一般学生・生徒の徴兵を開始した。たとえば，京都帝国大学では 4700 人を超える学生が入隊し，判明するだけでも 260 人以上が戦没した[19]。多くの若き知性が戦地に散る悲劇があった。

e．学童疎開

戦局は好転せず，日本本土への空爆が開始される。政府は学童疎開をうながし，国民学校児童の集団疎開を実施した。東京，大阪，名古屋，横浜など，多くの都市で学校単位の集団疎開が行われた。40 万人以上の児童が親元を離れ，教師とともに疎開した（図 4 − 11）。疎開した先での生活には教師がいるとはいえ，子どもを家族から引き離す不幸をもたらす暴力が戦争であった。

図 4 − 11　疎開生活を描いた児童の絵日記（部分）
「皆んなで増産したよもぎだんご」を食べる様子。（京都市学校歴史博物館蔵）

5 ｜ 民主主義の教育と改革

a. 連合国軍による教育改革

　国民は 1945（昭和 20）年 8 月 15 日の玉音放送で日本の敗戦を知った。日本は連合国軍総司令官のマッカーサー（MacArthur, D. 1880-1964）を迎え，アメリカ民主主義を背景に教育改革を進めた。マッカーサーは「四大指令」を発し，①極端な軍国主義・国家主義の禁止，②教職適格審査と追放，③教育からの神道の除去，④修身・歴史・地理の授業停止を要請した。加えて 1946（昭和 21）年 3 月にはアメリカ教育使節団（第一次）が来日し，個人の尊厳という理念，教育研究の自由，新しい倫理・歴史・国語等の教育内容，6・3・3 制と 9 年義務教育，男女共学，教育委員会制度，大学における教員養成などを提言する報告書をまとめた。アメリカの影響を受けながら，戦後日本の教育改革が緒についた。

b. 学制改革

　1946（昭和 21）年 11 月，日本国憲法が公布された。その第 26 条に「すべて国民は，法律の定めるところにより，その能力に応じて，ひとしく教育を受ける権利を有する」と明記され，教育を受ける権利が国民の権利として保障された。教育は，戦前は国家に対して国民に課された義務であったが，戦後は基本的人権を有する国民に保障される権利となった。

　1947（昭和 22）年 3 月，新憲法の精神にのっとり，教育基本法が制定された。教育の目的，教育の機会均等，義務教育，男女共学，教育の政治的・宗教的中立性などが定められ，同法は戦後教育の根本理念を示す教育憲章的性格を有した（2006 年 12 月改正）。戦前教育を規定し続けた教育勅語は，翌 1948（昭和 23）年 6 月，衆参両院でその失効が決議された。

　教育基本法と同日，学校教育法が公布された。教育の機会均等の原則に立ち，小学校 6 年，中学校 3 年，高等学校 3 年，大学 4 年を基本とする 6・3・3・4 制の段階型の学校体系が構築された。この戦後の学校体系は，戦前の複線型に

対して単線型といわれる。国民に等しく開かれた教育制度の形成があった。

　教育行政改革では，教育委員会が発足した。教育委員会は首長から独立した合議制の行政委員会であり，都道府県教育委員会と地方教育委員会がある。教育の地方分権がめざされた。当初，委員には地域住民の直接選挙によって一般人（レイマン，layman）がなる公選制が採られたが，1956（昭和31）年，任命制にかわった。layman は「素人」を意味する。教育行政へのレイマン・コントロールの導入は，行政の一部を一般住民に委ねることで，専門家だけの判断に偏らず，住民のニーズを施策に反映させようとする，教育の民主化を具現する一方途だった。2014（平成26）年，教育委員会制度は法改正された。

c. 教育内容改革

　教育課程の基準である学習指導要領が，アメリカのコース・オブ・スタディ（course of study）を参照して作成された。1947（昭和22）年，その試案が発表され，小学校の教科は国語，社会，算数，理科，音楽，図画工作，家庭，体育，自由研究とされた。とくに従来の修身，歴史，地理などがなくなり，社会科が新設されたことは，戦後の教育内容改革を特色的に示す施策であった（図4－12）。社会科はたんに系統学習を行うのではなく，経験主義を背景とする問題解決学習をめざす教科だった。教科書制度は国定制から検定制に変わった。

図4－12　社会科の開始を報じる新聞（抜粋）
「"よい公民"を作る基礎教育」としての社会科。（『朝日新聞』1947年9月1日）

　試案が発表されておよそ 10 年，学習指導要領は 1958（昭和 33）年の改訂（道徳の時間の新設など）から法的拘束力を持つようになった。以後，新学力観を示した 1989 年の改訂（生活科の新設など），「生きる力」を強調した 1998 年の改訂（総合的な学習の時間の新設など），「脱ゆとり教育」を方針とする 2008 年の改訂など，数度の改訂を経て 2017（平成 29）年，「主体的・対話的で深い学び」を掲げる改訂が行われた。

　経済協力開発機構（OECD）が実施する学習到達度調査（PISA）によって日本の子どもの学力が世界の中で測り示されるようになった前世紀末から今世紀初頭，教育は，まして国際化と情報化の進む領域の営みとなろうとしている。

引用・参考文献

1) 「学校基本調査」（2022 年 5 月現在）による（「政府統計の総合窓口（e-Stat）」ホームページ参照）。
2) 辻本雅史『思想と教育のメディア史 —— 近世日本の知の伝達』ぺりかん社，2011 年
3) 市川寛明・石山秀和『図説江戸の学び』河出書房新社，2006 年
4) 江森一郎『「勉強」時代の幕あけ —— 子どもと教師の近世史』平凡社，1990 年
5) 海原徹『近世私塾の研究』思文閣出版，1993 年
   自分の出身地（受験地）に関係のある藩校や私塾を知っておくとよい。
6) 鈴木理恵『咸宜園教育の展開』広島大学出版会，2021 年
7) 福沢諭吉『新訂 福翁自伝』岩波文庫，1978 年
8) 三好信浩『商売往来の世界 —— 日本型「商人」の原像をさぐる』日本放送出版協会，1987 年
9) 文部省編『日本教育史資料』8・9 巻　文部大臣官房報告課，1892 年
10) 福沢諭吉「学問之独立」『福澤諭吉著作集』5 巻　慶應義塾大学出版会，2002 年
11) 寺崎昌男・「文検」研究会編『「文検」の研究 —— 文部省教員検定試験と戦前教育学』学文社，1997 年
12) 文部省編『学制百年史』帝国地方行政学会，1972 年より作成。
13) 寺崎昌男・竹中暉雄・榑松かほる『御雇教師ハウスクネヒトの研究』東京大学出版会，1991 年
14) 尾上雅信他編著『新・教職課程演習 第 2 巻　教育史』協同出版，2022 年
15) 土方苑子『近代日本の学校と地域社会 —— 村の子どもはどう生きたか』東京大学出版会，1994 年
16) 橋本美穂・田中智志編著『大正新教育の思想 —— 生命の躍動』東信堂，2015 年
17) 中学校社会科用『新編新しい社会　歴史』東京書籍，2016 年
18) 妹尾河童『少年 H（上）（下）』講談社，1997 年
19) 京都大学大学文書館編『京都大学における「学徒出陣」調査研究報告書』京都大学大学文書館，2006 年

5章

初等教育のカリキュラム

1 | カリキュラムをめぐる概念

a. カリキュラムと教育課程

　1990年代後半以降，教育課程の大綱化・弾力化，および学校の自主性・自律性の確立などが強調され，カリキュラムを学校が独自に開発できる余地が広がっている。今日では，各学校のカリキュラム・マネジメントの充実による教育の絶えざる質の改善が求められている。

　カリキュラムは，わが国の場合，学習指導要領のように国による公的な枠組みとして基準が示される一方，子どもの人間的な成長発達とそれを支える科学的な認識の深化と結びついて創造されねばならない。また，少なくとも学校全体の統一的視点から，教育の質の向上をめざして，子どもや保護者，地域に責任を負いうるカリキュラムの創造が求められている。

　本章では，カリキュラムをめぐる概念や考え方を紹介しながら，今日の初等教育におけるカリキュラムの特徴と，その課題について見てみたい。

　もともとカリキュラムという言葉は，語源としてラテン語で「走る」という意味の「クレレ（currere）」に由来し，競技場の走路を意味する言葉であったことから，「人生のコース」，あるいは「履歴」を意味しているとされる[1]。そこから，今日では，カリキュラムとは，教材や授業の計画から，実際の教育活動およびその評価まで含む，学習者の「学びの経験の総体」という，学習者の視点を強調した包括的な広い概念として用いられることが一般的といえる。

　わが国では，カリキュラムの訳語として教育課程という用語が当てられることもあるが，厳密には，カリキュラムと区別して，カリキュラムよりも狭い意

味として教育課程が用いられることが多い。

　わが国の場合，教育課程という用語は，1951（昭和26）年の学習指導要領から，それまでの「教科課程」という用語に代わって用いられるようになった。

　2017（平成29）年3月改訂の小学校学習指導要領解説・総則編では，教育課程について，「学校教育の目的や目標を達成するために，教育の内容を児童の心身の発達に応じ，授業時数との関連において総合的に組織した各学校の教育計画であると言うことができ（傍点筆者）」と記している。このように，文部科学省では，教育課程を学校の教育計画という狭い意味で捉えていることがわかる。

　また，教育課程には含まれないが，カリキュラムには含まれる概念として，「潜在的カリキュラム（hidden curriculum）」がある。あるいは，「隠されたカリキュラム」ともいう。これは，教員が無意図的，無意識的に子どもに伝え，習得される価値や内容を意味する。たとえば，学級の座席配置，学校建築，教師の服装，教師の態度や声のトーンなどが該当する。また，社会統制や階級的不平等の再生産に都合の良い隠された価値内容を意味することもある。

b. カリキュラムと学習指導要領

　学習指導要領は，「教育基本法に定める教育の目的や目標の達成のため，学校教育法に基づき国が定める教育課程の基準」（平成29年3月改訂 小学校学習指導要領解説 総則編 6頁）として，学校教育法施行規則に基づき，文部科学大臣が告示するものである。小学校，中学校，高等学校，盲・聾・養護学校等の種別に示され，公の性質を有する学校教育の内容と水準を示している。

　小学校での教育課程については，学校教育法第33条において，「小学校の教育課程に関する事項は，第29条（筆者注－小学校教育の目的）及び第30条（筆者注－小学校教育の目標）の規定に従い，文部科学大臣が定める。」と規定し，次いで，学校教育法施行規則第52条において，「小学校の教育課程については，この節に定めるもののほか，教育課程の基準として文部科学大臣が別に公示する小学校学習指導要領によるものとする。」と規定されている（中学校・高等学校・中等教育学校・特別支援学校も同様の規定が置かれている）。

　この条項は，教育課程としての具体的な基準は，国が定める学習指導要領で

規定することを明記したものであり，これらの法規を根拠に，学習指導要領は
法的拘束力を有すること，すなわち，各自治体の教育委員会や学校や教職員は，
法令遵守義務の一環として学習指導要領に依拠すべきこととされる。なお，
2003（平成15）年10月7日の中央教育審議会答申以降，現在では，学習指導
要領の「基準性」が明確にされ，明示されている共通に指導すべき内容を確実
に指導した上で，子どもの実態を踏まえ，明示されていない内容を加えて指導
することも小学校段階から可能とされている（いわゆる発展的学習）。学習指
導要領を基準としつつ，その具体的な教育課程をどのように構想するか，学校
カリキュラム全体をどのように開発・創造するかは，学校や教員の裁量に委ね
られている。このことから，カリキュラム≧教育課程≧学習指導要領という関
係にあると見ることができる。

2 ｜ カリキュラムの類型

a. 経験カリキュラム

　アメリカのデューイ（Dewey, J., 1859-1952）の思想の影響を受け，20世紀
の国際的な新教育運動の中で浸透した考え方で，子どもの生活経験を基本に編
成されるカリキュラムである。20世紀初頭，それまで典型であった知識伝達
型の教育に対する批判から，子ども自身の自発的な興味・関心にもとづく活動
と，生活経験に即した教育への転換が求められた。このように子どもの経験と
活動を中心に構成されるカリキュラムをめざしたことから，「学習者中心のカ
リキュラム」ともいわれる。

　経験カリキュラムでは，子どもの生活経験や体験的活動に即した問題解決的
な学習活動が取り入れられることが多い。

　わが国で「戦後新教育」といわれた昭和20年代前半は，この経験カリキュ
ラムを典型としていた。しかし，その後，高度経済成長期を迎えるなかで，教
科の知識・技能が重視される，いわゆる教科カリキュラムが中心となっていく。
その後，受験競争の激化や子どもの問題行動などの顕在化を踏まえ，知識・技
能重視の教科カリキュラムの見直しもなされ，今日では，生活科（1989年〜）

や総合的な学習の時間（1998 年〜）のような経験カリキュラムも教育課程に組み込まれている。

b. 教科カリキュラム

教科の背景をなす科学的な学問体系を基本とし，教科内容を構造化して編成するカリキュラムである。科学の体系的・系統的発展と，子どもの発達の系列にしたがって，教育内容を系統的に組織化・構造化したカリキュラムを意味している。学習者が系統的に効率よく教育内容を習得する系統学習を目指す考え方を基礎とすることから，系統主義のカリキュラム，あるいは「学問中心のカリキュラム」ともいわれる。1958（昭和 33）年の学習指導要領の改訂以降は，教科カリキュラムとして，系統学習が重視される傾向にあった。

c. 相関カリキュラム，融合カリキュラム，クロスカリキュラム，コア・カリキュラム

経験カリキュラムと教科カリキュラムの両者の間には，子どもの経験やそこから派生する興味・関心に基づくテーマを重視するか，系統的に配列された科学的な内容を基礎に持つ教科の内容を重視するか，両者のどちらに比重を置くかによって，さらにいくつかのカリキュラムの考え方がある。

①「**相関カリキュラム**」とは，基本的に教科カリキュラムの一つの類型であり，2つ以上の教科を相互に関連づけて展開するカリキュラムの考え方である。たとえば，国語でアメリカ文学を学ぶのと同じ時期に，歴史でアメリカ史を学ぶ場合などがある。

②「**融合カリキュラム**」とは，教科カリキュラムを前提とし，個別の教科間の境界を廃して，より大きな枠組みで捉えるカリキュラムの考え方である。たとえば，地理，歴史，公民の融合としての社会科や，物理学，化学，地学，生物学の融合としての理科などの場合である。

③「**クロスカリキュラム**」とは，教科カリキュラムと経験カリキュラムの中間的な位置づけであり，教科の枠を残しつつ，特定のテーマのもとに教科横断的に組織されるカリキュラムの考え方である。たとえば，「エネルギーと環境」，「国際紛争と人権」などの一貫したテーマを中心に，各教科をつないで内容を

深める場合である。

　④「**コア・カリキュラム**」とは，経験カリキュラムの一つの類型であり，コア（核＝中心）となる課程と，それを支える周辺の課程が同心円的に編成されたカリキュラムの考え方をいう。たとえば，「学校での生活」「梅雨の過ごし方」「地域の産業」など，子どもの実生活の問題解決に向けた教育内容をコアに据えるカリキュラム構造として捉えられる。広義には，統合的な教科を核（たとえば，戦後コア・カリキュラム運動における社会科）に，それに関連づけられた学習内容の配列を持つカリキュラムを指すこともある（表5－1参照）。

表5－1　カリキュラムの類型

教科カリキュラム （学問内容中心）	**分科カリキュラム**（教科ごとに分離独立したカリキュラム） **相関カリキュラム**（2つ以上の教科を相互に関連づける） **融合カリキュラム**（各教科を中心としつつ教科を融合。物理・化学・生物・地学の融合としての理科）
	クロスカリキュラム（教科の枠を残しつつ，特定のテーマの下に教科を横断して組織される）
経験カリキュラム （子どもの生活中心）	**コア・カリキュラム**（主に生活経験を中心に，それ以外の領域を周辺に置いて統合する）
	経験中心カリキュラム（教科をまったく意識せず，子どもの生活 **（総合カリキュラム）**　経験を総合的に展開）

　戦後のわが国の初等教育カリキュラムは，大きく，経験カリキュラムと教科カリキュラムの間で揺れてきたともいえる。もっとも今日では，教科か経験か，あるいは系統学習か問題解決学習かという，二者択一的な理解ではなく，教科カリキュラムと経験カリキュラムとを統合しつつ，学校としての効果的なカリキュラムの創造が求められている。

3 ｜ 学習指導要領の変遷

a. 学習指導要領の変遷の特徴

　現在の小学校の教育課程について，学校教育法施行規則第50条では，「小学

校の教育課程は，国語，社会，算数，理科，生活，音楽，図画工作，家庭，体育及び外国語の各教科，特別の教科である道徳，外国語活動，総合的な学習の時間並びに特別活動によって編成する」と規定している。

学習指導要領は，1947（昭和22）年以降，国（旧文部省，現文部科学省）によってその時々の政治的・経済的な社会要因に規定されつつ，経験カリキュラムや教科カリキュラムの特色を反映しながら改訂され今日に至っている。

手続き的には，学習指導要領は，文部科学省（旧文部省）によって設置された審議会である教育課程審議会，および教育課程審議会が廃止された後の中央教育審議会（平成13〔2001〕年より）による答申の結果を踏まえて，ほぼ10年おきに改訂されている。

戦後の学習指導要領の変遷についてまとめたのが表5－2である（中学校についても併記した）。

1947（昭和22）年に最初の学習指導要領は「試案」として提示された。あくまで教育課程を編成する際の学校や教員の手引き（参考）としての位置づけであり，次の1951（昭和26）年の改訂においても同じく「試案」であった。この時期，地域の実態や子どもの発達の特性に応じて，教員自身がカリキュラムを創造する余地が大きかったといえる。

当時は，川口プランや本郷プランなど[2]，学校と地域が共同で独自のカリキュラムを創り出した地域教育計画や，アメリカの影響のもとに中心課題から同心円的に他の関連課題や関連科目を配置する「コア・カリキュラム」運動などが見られた。

1958（昭和33）年改訂から，学習指導要領は正式に文部省「告示」となり，全国一律に系統的な教科カリキュラムが浸透することになる。学習指導要領は，「告示」形式を取ることで法令に準ずる扱いとなるが，その法的拘束力の有無をめぐっては争いがあった。判例上，学習指導要領には法的基準性がある旨の判断が示され，その法的拘束力を容認しており（旭川学力調査事件判決；最判昭和51年5月21日，伝習館高校事件判決；最判平成2年1月18日），学校教育法や学校教育法施行規則に根拠を有する公的文書として，学習指導要領は「法的拘束力」を有すると解されている。

1968（昭和43）年の改訂では，当時の科学の最先端の知見を学校の教育課

表5－2　学習指導要領の変遷（筆者作成）

	特色	小学校・中学校		改訂のポイント
		告示	実施	
1	戦後の「新教育」	1947（昭22）〔試案〕 1951（昭26）〔試案〕		・昭22『保育要領』（幼稚園） ・社会，家庭，職業，自由研究の新設 ・昭26 教科群の提示
2	基礎学力の向上 「系統学習」への転換	1958（昭33）	小 1961（昭36） 中 1962（昭37）	・国家の教育基準としての性格の明確化，法的拘束力の公示 ・道徳の時間の特設
3	教育の「現代化」	小 1968（昭43） 中 1969（昭44）	小 1971（昭46） 中 1972（昭47）	・教育内容の現代化への対応 ・科学技術および経済の発展に対応
4	「ゆとりと充実」	1977（昭52）	小 1980（昭55） 中 1981（昭56）	・教科内容の精選（「ゆとり」の時間） ・児童・生徒の「落ちこぼれ」問題 ・「基礎・基本」の徹底 ・学校の創意，弾力化
5	「新しい学力観」に立つ指導	1989（平元）	小 1992（平4） 中 1993（平5）	・「新学力観」の登場 ・学校週五日制の導入 ・個性を生かし，豊かな心を育てる ・「生活科」（小1〜2）の新設
6	「生きる力」をはぐくむ	1998（平10）	小 2002（平14） 中 2002（平14）	・「総合的な学習の時間」創設 ・学校週五日制の完全実施 ・学校の主体性の重視 ・内容の厳選，時数の削減，ゆとり
7	「生きる力」のさらなる実現（ゆとり教育見直し）	2008（平20）	小 2011（平23） 中 2012（平24）	・「生きる力」の継続強調 ・授業時間数，教育内容の増加 ・言語活動，理数教育，伝統や文化に関する教育，道徳教育，体験活動の充実，小学校での外国語活動
8	社会に開かれた教育課程の実現 （資質・能力の強調）	2017（平29）	小 2020（令2） 中 2021（令3）	・子どもに育む資質・能力の意識化 ・各教科等の見方・考え方 ・主体的・対話的で深い学びの視点 ・カリキュラム・マネジメントによる教育の質の改善

程にも盛り込むという，いわゆる「教育内容の現代化」がめざされ，理数教育の充実強化とともに，学習内容が増加した。

　1977（昭和52）年の改訂では，ゆとりと充実を図るため，教育内容の精選および授業時数の削減が行われ，「ゆとりの時間（学校裁量の時間）」が導入されたが，基本としての教科カリキュラムに大きな変更は見られなかった。

　1989（平成元）年の改訂では，子どもの個性重視が強調され，子どもの関心・意欲・態度を重視する「新学力観」が提唱された。低学年においては，経験カリキュラムに基づく「生活科」が創設された。

　1998（平成10）年の改訂では，1977年改訂を超える教育内容の厳選に加え，年間標準授業時数を大幅に減らしたことと完全学校週5日制の実施もあり，いわゆる「ゆとり教育」といわれた。しかしこの改訂は，これまでの知識を一方的に教え込むことになりがちだった詰め込み教育への反省が背景にある。そして今後は，子どもたちが自ら学び，自ら考え，問題を解決する力を育む教育への転換を図り，知・徳・体のバランスの取れた教育を展開することで「生きる力」を育むことを理念として強調した（1996〔平成8〕年の中央教育審議会答申「二十一世紀を展望した我が国の教育の在り方について：第一次答申」）。この改訂で求める力を育む象徴的なカリキュラムとして，新たに，経験カリキュラムに位置づく「総合的な学習の時間」が創設された。また，教育課程の弾力化がより強調され，学校独自の創意工夫を生かしたカリキュラム開発が強調されるようになった。

　2008（平成20）年の改訂では，「生きる力」を育むという理念は継承されているものの，教育内容と授業時数の見直しが行われた。特に教科によって年間授業時数が増加し，学力向上を課題に学校独自の特色を生かす教育課程改革が行われた。その背景の一つは，2006（平成18）年の教育基本法改正（特に，同法第2条において，教育の目標が細かく明記された）への対応がある。もう一つは，これまでの「ゆとり教育」からの脱却を図り，確かな学力，豊かな人間性と健康・体力のバランスをとる「生きる力」の実現をいっそう図るとともに，これからのグローバル化した「知識基盤社会（knowledge-based society）」に対応した人材の育成を図ろうとしたことにある。「知識基盤社会」の特徴として，①知識には国境がなく，グローバル化がいっそう進む，②知識は日進月

歩であり，競争と技術革新が絶え間なく生まれる，③知識の進展は旧来のパラダイムの転換を伴うことが多く，幅広い知識と柔軟な思考力に基づく判断が一層重要になる，などが挙げられる。特に，これからのグローバル社会を見据えながら，知識を基盤としつつも，知識を活用する力（思考力，判断力，表現力，問題解決力等）の育成に重点を置いた改訂となっている点に特色がある。

b. 2017（平成 29）年告示学習指導要領の特徴

　少子高齢化の進展，AI の飛躍的進化を含む高度な情報科学技術の発展，社会のグローバル化など，社会変化が激しい時代となり，将来予測困難性，不確実性，多様性に象徴される現代社会において，子どもたちが社会の変化に主体的に向き合い，多様な他者と協働しながらさまざまな課題を解決し，積極的に行動できる力が社会全体として求められている。また，自分に自信が持てない，自己肯定感が必ずしも高くないという子どもたちの存在や，学校での学びと日常生活や社会とのつながりが必ずしも子どもたちに意識されていないという学校現実がある（各年度の全国学力・学習状況調査における質問紙調査など）。

　このように，子どもたちが自分で考え判断し，多様な他者とともにさまざまな情報から自分たちの将来の生き方と社会の創造に向けて，知の枠組みを再構成しながら新たな知を創造し行動できる力を子どもたちに育むために，2017（平成 29）年の学習指導要領の改訂が行われたという背景がある。

　まず，2017（平成 29）年の改訂では中央教育審議会答申（2016〔平成 28〕年 12 月 21 日）を受けて，「よりよい学校教育を通じてよりよい社会を創る」という目標を掲げ，その目標を社会全体で共有しながら，新しい時代に求められる「資質・能力」を子どもたちに育む「社会に開かれた教育課程」の実現を目指したところに大きな特色がある。ここには，教科横断的な視点と学校と社会（家庭・地域を含む）の相互連携的な視点（ヨコの広がり），及び子どもたちの自己創造と自分たちが生きる社会創造のために必要な力を，小・中・高などの校種をつなぐ生涯発達的な視点（タテのつながり）で教育課程を構想することの必要性が含意されている。

　次に，従来の学校教育が，「何を学ぶのか」という「教育内容（コンテンツ）」に重点が置かれる傾向にあった状況から，子どもたちが「よりよい社会

と幸福な人生の創り手となる力を身につけられるようにする」ために「何ができるようになったか」という観点をより重視し，子どもに育む「資質・能力（コンピテンシー）」（教育目的・目標）に重点が置かれることとなった。そして，この「資質・能力」に関して，各教科等の全般について3つの柱で統一的に捉えることとしている。①何を理解しているか・何ができるかという「知識・技能」の柱，②理解していること・できることをどう使うかという「思考力・判断力・表現力等」の柱，③どのように社会・世界と関わり，よりよい人生を送るかという「学びに向かう力・人間性等」の柱の3つである。

さらに，「どのように学ぶか」という「教育方法」について，「アクティブ・ラーニング」が強調され，さらに具体的に「主体的・対話的で深い学び」を授業改善の視点とした。

そして，子どもに育む「資質・能力」が教育活動全体を通じて適切に育成されているかを評価（「学習評価」）することの重要性を指摘している。

このように，子どもの実態把握を踏まえて，「教育目的・目標」−「教育内容」−「教育方法」−「教育評価（学習評価）」という一連の流れで学校教育が有効に機能しているかを十分に検証しながら学校教育の「質」の改善を求め続けるために「カリキュラム・マネジメント」の観点を強調した。

これら小学校（中学校も同じ）について2017（平成29）年改訂の学習指導要領の全体構造を示したのが，図5−1である。

2017（平成29）年改訂学習指導要領の特色をまとめると次の通りである。

①「社会に開かれた教育課程」の実現，②「何ができるようになるか」（育成を目指す「資質・能力」）：教育目標の明確化，③「何を学ぶか」（教科等を学ぶ意義）：各教科等の「見方・考え方」の意識化，教育内容における日常生活や社会との関連，教科横断的視点や学校段階間のつながりを踏まえた教育課程編成，④「どのように学ぶか」（授業改善の視点「主体的・対話的で深い学び」）：教育方法としての「協働的な学び・個別最適な学び」等，⑤「子ども一人一人の発達をどのように支援するか」（子どもの発達を踏まえた指導）：子どもの多様性の理解，⑥「何が身に付いたか」（学習評価の充実），⑦「実施するために何が必要か」（学校体制の組織化）：「カリキュラム・マネジメント」の7つである。

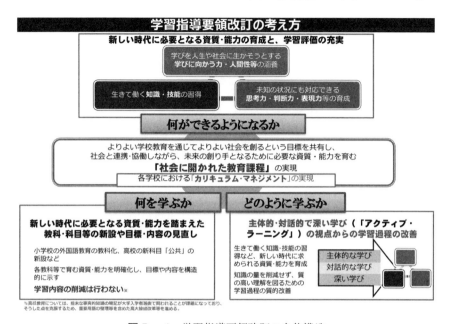

図5－1　学習指導要領改訂の全体構造

（出典：文部科学省 Web サイト　平成 29，30，31 年改訂学習指導要領（本文・解説）：「学習指導要領改訂の考え方」より）

4 ｜ カリキュラムをめぐる今日的課題

a. カリキュラム・マネジメントによる教育の質的改善の充実

　カリキュラムの目的は，何よりも，学習面・生活面の教育を通じて，個々の子どもの人間的な成長発達を保障することである。そのために，個々の子ども理解と現状把握を前提に，「カリキュラム・マネジメント」の視点を各学校・各教員が共有することが求められる。2017（平成 29）年改訂の学習指導要領解説「総則編」では，「学校教育に関わる様々な取組を，教育課程を中心に据えながら組織的かつ計画的に実施し，教育活動の質の向上につなげていくこと」を「カリキュラム・マネジメント」とし，以下の三点で整理している。

・児童や学校，地域の実態を適切に把握し，教育の目的や目標の実現に必要な

教育の内容等を教科等横断的な視点で組み立てていくこと。

・教育課程の実施状況を評価してその改善を図っていくこと。

・教育課程の実施に必要な人的又は物的な体制を確保するとともにその改善を図っていくこと。

　すなわち，①まず，実態把握に基づく教育目標の設定と教科横断的な視点での教育内容の組織化を図ること。②教育課程の編成・実施・評価・改善の一連のサイクル（たとえば，PDCA サイクル）を確立し，学校全体で共有すること。③校内のみならず，学校外部の人的・物的な協力・協働を図ること（たとえば，コミュニティ・スクール，地域学校協働活動など）である。

　特に上記の「PDCA サイクル」では，まずは現状把握を踏まえて，目標を設定し具体的な実施計画を立案する（Plan）。その計画を実施し，その成果を測定する（Do）。その結果を当初の目標に照らして比較分析，評価する（Check）。その評価結果を踏まえて，継続的な向上に必要な改善措置を考える（Action）。その改善措置に照らして目標を吟味しながら，新たな実施計画を立てる（Plan）。このように，らせん状の循環型サイクルとして活動改善を推進する方法である。

　各学校では，このように組織的かつ継続的なカリキュラム改善が求められる。

b．学校に基礎をおくカリキュラム開発（SBCD）

　各学校や教員が独自に創意工夫を生かしたカリキュラム創造を行うために，「学校に基礎をおくカリキュラム開発（school based curriculum development）」，いわゆる「SBCD」といわれる考え方がある。これは，学校自体をカリキュラム開発の場として捉え，教員の日常的な教育活動を基礎に特色あるカリキュラム開発を進める考え方であり，経済協力開発機構（OECD）の教育研究革新センター（CERI）の事業における国際的なカリキュラム開発の中心概念であった。1975（昭和50）年に，文部省（当時）がCERIとの共催で「カリキュラム開発に関する国際セミナー」を開催した際に，イギリスのスキルベック（Skilbeck, M.）（1984）によって，この「学校に基礎をおくカリキュラム開発」の考え方が紹介された。

　スキルベックは，「学校に基礎をおくカリキュラム開発」の手続きを，①状

況分析，②目標設定，③プログラムの計画，④解釈と実施，⑤評価，の5段階で示す。この五段階の手続きでは，計画立案の前に，状況分析と目標設定を据えるところに特色があり，子どもや家庭・地域の実態把握といった状況分析，それに基づく教育目標の決定が，学校カリキュラム創造の前提条件であると理解されている[3]。

c. 校種間をつなぐカリキュラム創造

初等教育のカリキュラムは，小学校6年間を想定しており，学習指導要領も学校種ごとに作成されている。また，教員免許状も学校種ごとに授与される。

しかし，子どもたちにとっては，生まれて大人になり，やがて人生を終えるまでの長期のスパンの人生が想定され，生涯発達という観点からは，幼保も含めた小・中・高あるいは大学・専門学校までの校種間の関連性を意識した，全体的観点で学校カリキュラムを構想することも求められている。

1998（平成10）年6月の学校教育法改正により設けられた「中等教育学校」や2016（平成28）年度から同じく学校教育法の改正により設けられた「義務教育学校」などでは，中高6年間や小中9年間で一貫したカリキュラムの下での教育が行われている。また，教育課程特例校や研究開発指定学校制度の運用や，自治体運用による小中一貫型教育校なども増加しつつある。

既存の学校制度を残しながら，従来の6・3・3・4制に代わる新たな制度枠組みを導入することの是非も問われるが，子どもや地域の実態に即して，子どもの学校期全体を通じたカリキュラムの全体像を，生涯発達の視点から，校種を超えた校種間接続・校種間連携カリキュラムとして教職員間で共有し合うことも必要となってきている。

d. カリキュラム創造における当事者の「開かれた参加・参画」

カリキュラム・マネジメントの当事者は，国や教育委員会というよりも学校や教員である。ただし，教育の質，学校や教員の質が問われる今日，教育活動の妥当性と正当性を内外に公開し，関係者の評価を受けてカリキュラム改善に努めることも必要となる。特に，学校・家庭・地域の三者の協力による教育の必要性がいわれる現在（教育基本法第13条），学校がカリキュラム創造の中心

的役割を果たしつつも，幅広い関係者の参加・参画が求められている。

　今日では「社会に開かれた教育課程」として，保護者，地域住民，各分野の専門家などの学校教育への参画も求められており（学校評議員制度や学校運営協議会など），多様な当事者の参加によるカリキュラム改善が必要である。

　初等教育段階においても，発達状況に応じて，当事者である子どもたちのカリキュラム創造への参加を考えていくことも必要であろう。国連：子どもの権利条約の趣旨（子どもの最善の利益 ── 第3条，第12条）や2023（令和5）年施行のこども基本法の理念（第3条）から規定される子どもの意見表明権を保障するため，授業や学校生活のあり方についてのアンケートや児童会での意見集約など，子どもの声を学校カリキュラムの改善に生かすという方法も考えられる。そのために，特別活動における学級活動や児童会活動などを通じた教員の指導によって，子どもたちが，学校づくりに参加・参画できる力や自治の力を育成していくことも必要であろう。

注釈，引用・参考文献

1）佐藤学『教育方法学』岩波書店，1996年
2）川口プランとは，戦後初期に学習指導要領が試案として策定され，新教科「社会科」が誕生する中で，地域を学習の場とし，子どもの実態に応じた学校の自主的な川口市の全学校を対象とするカリキュラム計画のことを指す。また，本郷プランとは，川口プランと同様，戦後初期の広島県本郷町の小中学校を対象にした地域独自のカリキュラム計画を指す。
3）文部省大臣官房調査統計課『カリキュラム開発の課題 ── カリキュラム開発に関する国際セミナー報告書』1975年

その他の参考文献

柴田義松『教育課程 ── カリキュラム入門』有斐閣，2000年
田中耕治他編『新しい時代の教育課程　第4版』有斐閣，2018年
日本カリキュラム学会編『現代カリキュラム事典』ぎょうせい，2001年
日本教育方法学会編『教育方法学研究ハンドブック』学文社，2014年
田村知子『カリキュラムマネジメントの理論と実践』日本標準，2022年
Skilbeck, M. *School-Based Curriculum Development*, Harper & Row, 1984.

6章

初等教育の方法と評価

1 │ 教育の方法と評価の問題

a. 「子ども時代を生きる」ことを保障する

　ある一人の子どもを，あるいは子どもたちを目の前にしたとき，あなたは自らの身体をどのように使い，第一声にどのような言葉を選ぶであろうか。そもそも，これらのことを自覚する必要を感じたことはあるだろうか。

　たとえば，あなたが180センチを超える大柄な体軀である場合，そのあなたの身体は小学校に入学したばかりの子どもの眼にどのように映ることになるのかを考えたことはあるだろうか。あなたが華奢で小柄である場合，すでにあなたを「見下ろす」ほどに成長しているかもしれない高学年の女子たちに対して，自らの言葉を届けるためにあなたはどのようにふるまう必要があるだろうか。

　あるいは，近年では貧困状況を生きる子どもや虐待的環境を生きる子どもの存在が意識化されるようになってきたが，あなたには想像もできないほどの過酷な状況を生きる子どもがあなたの目の前で「困った」行動をとった場合，あなたはその子どもに届く言葉をどのようにして紡ぎだすであろうか。

　教育の方法を考えることは，一面で自分の身体を，自分の生きざまを見つめることである。それはときに痛みをともなう。痛みをともないながらもなお，その子どもとともに生きることへの可能性をあきらめずに働きかける。その働きかけのあり様を問うことが，教育の方法と評価への関心を支えている。それは子どもをたぶらかす手練手管でもなければ，教師にとって都合のよい子どもをつくりだすためだけのスキルでもない。そうではなくて，生の充実を実現しうる智恵と力とを子どもたちが獲得していきながら，他者とともに平和的に生

きていく経験を積み重ねていくことを子どもたちに保障していく働きかけこそが，教育の方法であり，評価なのである。

　以下では，こうした教育の方法と評価の問題について，「子ども理解」「授業」「生活指導」の観点から考えてみることにしよう。

b.「子ども時代を生きる」ことへの着目

　かつてルソー（Rousseau, J. J. 1712-1778）は，「子どもの発見」の書と称賛された著書『エミール』の中で，「このうえなく賢明な人々でさえ，大人が知らなければならないことに熱中して，子どもにはなにが学べるかを考えない」と指摘し，そういう人々は「子どものうちに大人をもとめ，大人になるまえに子どもがどういうものであるかを考えない」[1]と批判していた。

　そうした人々に対しルソーは，「大人になるまえ」の子どもがどのような存在であるかを問い，『エミール』の中で，自然が求めている子どもの発達のすじ道を見つめ，そのすじ道に依拠した働きかけのあり様を模索した。それは，「子どもの発見」という名づけそのままの，子どもに「子ども時代を生きる」ことを大人の働きかけによって保障しようとする，すぐれて教育的な働きかけの構想であった。

　しかしながら，ルソーは『エミール』の別の箇所で，次のようにも述べる[2]。

　　　生徒がいつも自分は主人だと思っていながら，いつもあなたが主人であるようにするがいい。見かけはあくまで自由に見える隷属状態ほど完全な隷属状態はない。こうすれば意志そのものさえとりこにすることができる。（中略）もちろん，かれは自分が望むことしかしないだろう。しかし，あなたがさせたいと思っていることしか望まないだろう。

　ルソーにとって子どもに「子ども時代を生きる」ことを保障することは，自然の要求である子どもの発達のすじ道でさえ，人間がなすことの支配下に置くことと同義であった。近代の黎明期になされた「子どもの発見」は，子どもの発達をも管理し支配する欲望にとらわれていたともいえるかもしれない。教育的な働きかけの対象である子どもの存在が自覚的に追求され始めたまさにその

出発点から，教育の方法は子どもを管理し支配する欲望との闘いの歴史でもあるのである。

　ルソーの思想に影響を受けていたペスタロッチ（Pestalozzi, J. H. 1746-1827）は，フランス革命に起因する内乱後に設立された孤児院の院長として「教育的限界状況」ともいうべき様相を呈する子どもたちと出会い，自らの目の前にいる，現実の子どもたちの側から教育の方法を問うた。子どもたちの「教育的限界状況」とは，この世に生を受けて以来，子どもたちが社会的に遺棄されてきたがゆえの結果であることを看破したペスタロッチは，遺棄されてきた子どもたちが経験しえなかったであろう，「保護され，世話をされ，配慮される」生活を子どもたちとともにつくりだす一方で，孤児院での生活の実際に即して学習を組織することを通して，子どもたちの発達を保障しようとしたのであった[3]。

　子どもに「子ども時代を生きる」ことを保障しようとすることは，ペスタロッチにとって子どもの発達のすじ道に即した経験を保障しようとすることであるとともに，子どもたちをとりまく社会情勢と闘いながら生きることを選びとることでもあった。教育の方法は，子どもを遺棄しさえする社会情勢との闘いの中で洗練されてきた歴史をも持つのである。

c. 「子ども時代を生きる」ことの意味

　子どもを管理し支配しようとする欲望や，子どもを遺棄し傷つける社会情勢に抗う際に，近代の教育思想が共通して依拠しようとしたものの一つが，子どもの発達のすじ道であった。

　同様にして，子どもの問題行動や「学級崩壊」を目の前にした日本の教師たちが，子どもたちを厳しく統制し，管理しようとする圧力やそうした努力を払うことすら無駄であるとして排除しようとする情勢に抗して，あきらめることなく子どもたちに呼びかけ，働きかけようとする際によりどころとしたものの一つもまた，子どもの発達のすじ道であった。それは，心理学や精神医学の成果に学びつつ，あくまでも子どもたちの生活の現実から出発した上で，子どもたちの行動の「理由」を知ろうとする教師たちの願いが込められた，発達のすじ道に対する切実な探求の成果として見出されたものである。その成果の一端

をここで簡単に紹介してみよう。

　子どもたちは他者への信頼／自己への信頼／世界への信頼によって構成される基本的信頼感を，養育者との身体的かつ情緒的なかかわりの中で醸成していく（乳児期）。この基本的信頼感を土台にして育まれる他者への関心に依拠しながら，「見たて／つもり」遊びや簡単なルールに基づいた遊びに参加することを通して，他の子どもや世界と交わる力を育んでいく（幼児期）。この力を発揮しながら，子どもたちは「同質同等」の子どもたちからなる集団を形成し，その集団において自分たちなりの価値観やルールを支えにして，よりダイナミックな活動を展開していく。こうした活動の中で子どもたちは自分たちの価値観やルールを問い直しながら「異質共同」の子ども集団を構築し，実質的な対等平等の関係を築き上げていく（少年期）。この過程の中で，同時に子どもたちは「親密な関係」を結ぶに値する同世代の他者を探し求め（前思春期），そうした関係を結びえた仲間との共感的で対話的な関係を支えにしながら自己と他者の存在を見つめ直し，精神的な自立に向けて歩みを進めていく（思春期）。このようなすじ道を経て子どもたちは発達を遂げていくと考えられるようになってきた[4]。

　こうした発達のすじ道の理解に加えて，貧困や虐待等に象徴されるような，子どもたちが生きるにはあまりに過酷な今日の状況は，次のようなテーゼを再評価させるに至っている。すなわち，「人間が一つの発達段階の敷居をまたぐ時には，それ以前に過ぎ去ったことすべてが，影響を受けやすい状態になる」のであり，「一つの発達段階の開始期は，その人がそれまでにこうむったものに由来する，人格の脆弱箇所をかなり傷めつけることがある」というテーゼである[5]。

　このテーゼに依拠するならば，子どもたちが発達を遂げていくということは，その子ども自身が生きてきた歴史に由来する苦悩との闘いの道を歩んでいくということでもあろう。このことを，かつての教師たちは「矛盾は発達の原動力」とも言い表し，教師や仲間と協働してその矛盾を互いに乗り越えさせていくことで，子どもたちの発達を保障しようとしていたのであった。

d．子どもの「声」が聞こえるとき

　今日の学校や社会をとりまいている，曰く「規範意識を徹底させる」「問題行動を起こす子どもに寛容の精神など必要ない」というような圧力は，上述したような発達を遂げていく中で必然的に揺れずにはいられない子どもの存在を劣位に位置づけ，排除しさえする方向へと教師や子どもたちを誘う。そのことは，たとえば問題行動を起こす子どもの背景に過酷な生育環境があったとしても，「似たような境遇にある子どもでも，まじめに頑張っている者もいる」という主張をかざし，「まじめに頑張っている」子どもがなぜ「頑張る」ことができているのかを問うことなしに，問題行動を起こす子どもを「自己責任」という言葉とともに断罪していく。

　しかしながらかつてのこの国の教師たちは，そうした子どもたちを断罪するのではなく，「否定のなかに肯定をみる」「一人のなかの二人の自分」といったキーフレーズをよりどころにして子どもたちと向かい合おうとしていた。問題行動を起こす子どもの行為そのものの中に，その子ども自身も気づいていないかもしれない「まっとうに生きたい」「賢くなりたい」という願いがあることを読み取り，そのように願っているであろう「もう一人の自分」に対して呼びかけ続けることで，子どもたちの発達を保障しようとしてきたのである[6]。

　先述したような今日の情勢の中で，「子どもの声を聞く」ことの大切さはいくら主張してもしすぎるということはなかろう。だが，「否定のなかに肯定をみる」と自らに言い聞かせながら子どもたちと向かい合い続けていた教師たちの経験が私たちに伝えていることは，「子どもの声」はただ待っているだけでは，ただ耳を澄ますだけでは聞こえてこないということである。そうではなくて，子どもたちの行為の意味を考え，その行為の背後で葛藤しているであろう「二人の自分」の「善くありたい」「悲しみに耐えることができない」と訴えている「もう一人の自分」に呼びかけ続けたときに初めて，その子どもの「声」が聞こえてくるのである。

　他方で，そのような営みの中でようやく聞こえてくる「声」は，現在の情勢の中では抑圧され，かき消され続けてきた「声」でもある。その「声」を聞き，さらにその「声」に応答しようとすることは，その「声」を発している子ども

を傷つけ続けている現状と闘う覚悟と責任を引き受けるということでもある。

　もちろん，このことは子ども自身の自立への闘いを「肩代わり」することではない。そうではなくて，子どもの発達を保障し，子どもの自立を励ます教師の働きかけは，その子どもたちの自立に向けた闘いに伴走し，共に闘うことを意味している。このとき，教師の働きかけは，子どもたちを傷つけ続けているこの世界はその子どもたちにはどのように見えているのかを知り，その見え方をどのように刷新していけば子どもたちは自分たちの力で世界と出会い直し，あまつさえこの世界を変えていくことができるのかということへと関心を向かわせていく。こうした教師の問題意識が，子どもたちの学習や生活に対する指導のあり様を洗練させてきたのである。

2 ｜ 「自分の頭で考える」子どもを育てる

a. 近代学校における「国民」形成と教育方法

　近代の国民国家成立期において，学校という装置が子どもたちの教育を司る機関として位置づけられるようになった。この国においては一般に，「学制」の公布（1872年）がその始まりとされる。すなわち日本は，自らの国のかたち（constitution）であるところの憲法（大日本帝国憲法）の公布（1889年）よりも17年も前に，学校という制度と組織を公的に導入したのである。そこには当時の社会情勢に鑑み，一刻も早く「国民」を形成して国民統合を実現し，「国力」の増強を図ろうとした当時の為政者たちの明確な意図を読み取ることができよう。

　他方で，「工場法」を制定して児童労働に歯止めをかけ，そのことを通して子どもの教育機会と学習権の保障へと扉を開いた産業革命期のイギリスに典型であるように，学校には子どもたちの福祉を担う場としての系譜も明確に存在する。学校という組織は「国民」形成の期待と子どもの福祉という，ときとして互いに相反する要求がせめぎ合う場として構築されてきたのである。

　このことに呼応するかのように，教育の方法もさまざまな提案がなされることになる。ヘルバルト学派によって提起された，五段階教授法と呼ばれる授業

の構想と展開の方法は，当時の「国民」を形成するという時代の要請に合致し，日本のように近代化を遂げつつあった国々の多くできわめて大きな影響力をもつに至った。1つの授業時間を「予備―提示―比較―概括―応用」と5段階に区分して考えるこの構想は，本時の内容を説明し，前時までの学習内容と比べながら理解させ，練習を通して定着を図るという過程を定型化した教授方法であった。これは一斉授業の模倣可能な方法として構想されていると同時に，教師の教えたいものを伝えていく上で非常に効率的な方法だとも考えられたため，各地の学校に広く浸透していくこととなった。

　しかしながら，この構想は子どもの個別具体的な状況に応じることや子どもからの問いかけを授業の中に位置づける余地をほとんど想定しておらず，したがって子どもに「なぜ？」を問わせない授業に堕す危険を大いに孕んだものであった。自分の頭で考えることなく，大人が教えることを無批判に受け入れる子どもを育ててしまう力を秘めた五段階教授法の普及を危惧した教師たちは，ペスタロッチの教育思想を継承して「開発主義教育」を構想したり，新教育運動と総称される，「子どもから」をスローガンにした教育の理論的かつ実践的な刷新を試みたりした。そこでは，教育の営みと子どもの生活ないし子ども自身の実感を結びつけることを重視し，そのことを通して子どもたちの「なぜ？」を大切にする教育のあり様を模索していたのである。

　こうした「教育と生活の結合」をめざした取り組みにかかわって，日本においてとりわけ特徴的であったことは，生活綴方と呼ばれる日本独自の教育方法が編み出されたことであった。「『生活台』に正しく姿勢する」ことをキーフレーズに教育実践を展開しようとした戦前の東北地方の教師たちは，子どもたちの実生活を子どもたち自身がリアルに表現できるように働きかけながら，ものの見方，考え方，感じ方を指導して生活認識を形成し，当時の東北地方の厳しい生活現実を生き抜く力やその生活現実を切り拓いていく力を育てようとしたのであった[7]。

　ただ残念なことに，こうした1890～1930年代にかけて展開された，子どもの生活の側から教育の方法をとらえ直そうとする動向は，当時の全体主義的な情勢や戦争の拡大の中で弾圧されざるをえなかった。この時代の理論的かつ実践的な遺産は，1945年以降にあらためてその継承が模索されることになるの

である。

b. 発問のある授業の可能性と課題

　この国の新しい「かたち」として公布・施行された日本国憲法と，そこで描かれた「理想の実現」は「根本において教育の力にまつべきものである」と謳った教育基本法（1947年）のもとで教育は再出発を遂げる。その具体的な表れの1つとして示されたのが，『学習指導要領（試案)』（1947年）であった。この文書は自らを「新しく児童の要求と社会の要求とに応じて生まれた教科課程をどんなふうにして生かして行くかを教師自身が自分で研究していく手引き」として位置づけ，「直接に児童に接してその育成の任にあたる」教師の責務として「よくそれぞれの地域の社会の特性を見てとり，児童を知ってたえず教育の内容についても方法についても工夫をこらして，これを適切なものにし，教育の目的を達成するように努めなくてはならない」と呼びかけていた[8]（筆者註：引用にあたっては，すべて現代仮名遣いに改めた）。子どもたちとともに生きている教師たちの研究と実践の自由を奨励し，子どもたちの生活現実や社会のあり様と教育の内容や方法とを結びつけて構想する機運の中で，この国の教育は新たな一歩を踏み出したのである。

　日本の教師たちは，こうした機運にも励まされながら自分たちの実践を通して教育を研究するサークルを自主的に立ち上げ，そこでの研究を通して教育の内容や方法，さらには教育目標のあり様や子ども観をも深化させていった。民間教育運動と総称される，教師たちのこうした教育研究運動は，『学習指導要領』が1958年に「告示」となって「試案」の性格が失われ，法的拘束力を持つようになってからも研究と発信を続け，今なお多くの教師たちが自らの実践に基づきながら教育の理論と実践の研究を進めてきている[9]。

　今日，世界的な注目を集めている日本の「授業研究」もまた，教師たちによるこうした自主的な教育研究運動の系譜に連なるものである。この授業研究の中で，とりわけ焦点化されて研究されてきたものの一つに，教師の教授行為であるところの発問がある。

　質問とは区別される発問は，教科内容の習得に向かって子どもの能動的な思考活動を呼び起こす教授行為であると同時に，子どものつまずきや間違いを明

るみに出しながら子どもたちの間に対立したり分化したりする意見を引き出すことを通して，共同的な学習を実現していく契機となる教授行為として理解されてきた。「教師の教えたいものを子どもの学びたいものにしていく」行為であるともいわれる発問は，教師の指導と子どもの自己活動の間にある矛盾を乗り越えていくはたらきをなすものとしても大切にされてきたし，今なおその価値は色あせることはない[10]。

　しかしながら，発問のある授業で引き出される子どもたちの意見は，つまづいていたり間違っていたりするものも含めて教師に応答予想された「想定内」のものであり，子どもたちがそれぞれの意見の妥当性をめぐって討論したとしても，結局のところ教師の意図した「正答」へと収斂させていっているだけではないかという批判も生まれ，授業のあり様をあらためてどのように構想していくかが問われるようになったのである[11]。

c．共同探求型授業への挑戦と学習権の思想

　1960年代後半からすでに準備され，1970年代の低成長期を経て1980年代後半に顕在化することになったグローバリゼーションの進行と，それと軌を一にするかのように展開した冷戦体制の崩壊ならびに世界秩序の再構築という社会情勢の中で，改めて教育のあり様が問われることになった。それへの「回答」の一つが既存社会の価値と秩序への適応を前提とした「生きる力」の形成という提起であろうが，他方で学習者の側から，さらには子どもたちの側から世界をとらえ直し，教育を描き直そうとする動きも生まれてくる。その動きの典型が「ユネスコ学習権宣言」（1985年）であり「子どもの権利条約」（1989年）であった。学習を進路実現の道具とみなしたり，教育を受けなければならないもの，ないしは与えられるものとみなしたりするような風潮に根本的な批判を加え，学習することや教育を受けることを大切な権利の一つとして位置づけた「ユネスコ学習権宣言」や「子どもの権利条約」は，前項で述べたような既存の授業の問題点を克服しようとしていた教師たちに大きな示唆と勇気を与えることとなった。

　発問とはそもそも，授業の中で教師が問いを独占し，その結果として知と価値とを独占して子どもたちを啓蒙するために磨かれた教授行為ではなかった。

そうではなくて，教師による問いかけを手がかりにさせながら，子どもたちを問う主体へと育てていくという志向性をもった教授行為であった[12]。学習や教育を子どもたちの権利としてとらえ直そうとする動きは，発問に込められていたこうした志向性を再認識させると同時に，既存の知識の真理性や価値の妥当性を疑い，他者と共同して真理や価値を改めて探求するという，共同探求型の授業の旺盛な展開へと扉を開いたのである。既存の知や価値を無批判に受け入れるのではなく，たとえば缶コーヒーを素材にして日本の工業の特質や南北問題との関連に迫った授業[13]や，フクシマとヒロシマを関連づけて日本社会のあり様に迫った授業[14]等，教師と子どもたちとが共同して知を再定義するような授業が提案されてきている。このような授業が示す可能性と課題を明確にしていくことも今後の課題となろう。

　さらには，上述したような社会情勢の中で，構成主義的な学習観を基盤に据えた「真正な評価」論がパフォーマンス評価等の具体的な評価方法の開発とともに展開されたり，ヴィゴツキー心理学の中心概念である「発達の最近接領域」の再検討をふまえ，他者との応答関係のあり様とその発展を考慮に入れた評価方法として注目されているダイナミック・アセスメントといわれる評価方法が模索されたりしてきている[15]。いずれの評価方法も，子どもたちを学習主体として育てようとする志向性を持つものであり，これらの提起の進展にも期待が寄せられている。

3 ｜ 自治のある生活と学習をつくりだす

a. 「自分たちのことは自分たちで決める」

　子どもたちは日々くりかえされる日常の生活の営みの中で，習慣的に活動したり，他人の考えに流されるままにふるまったり，決意して目的意識的に何らかの活動に取り組んだりすることを通して，その子どもなりのものの見方・感じ方・考え方を養い，行為・行動の規範を身につけ，人格を形成していく。「働きかける者が働き返される」というテーゼが示すとおり，子どもたちは意識的にせよ無意識的にせよ行われる自らのふるまいに対する他者や世界からの

反作用を受けとめながら成長していくのである。子どもたちの生きる生活のあり様を見つめ，その生活に依拠しながら，日本国憲法に謳われた平和で民主的な社会の実現とその担い手たる民主的な人格を形成しうる教育を構想しようとしたこの国の教師たちは，この当たり前の事実に基づいて，独特の教育の方法を考案した。それが集団づくりと呼ばれる教育方法である。

　集団づくりは，子どもたちを相互に監視させるために教師が班をつくり，そのことを通して子どもたちを統制し支配するための方法，換言するならば教師にとって都合のよい学級集団をつくっていくための方法であると誤解される向きもあるが，当然のことながらそれは集団づくりでもなければ，教育でもない。そうではなくて，集団づくりとは，「教師が，子どもたちの必要と要求にもとづいて，自主的・自治的な学級活動をすすめ，そのなかで学級を民主的集団に形成していく教育活動」であり，そのことを通して「子ども一人ひとりを民主的な権利主体・自治主体にまで高めていくと同時に，かれらの人格的自立を励ましていく教育活動」である[16]。

　こうした集団づくりを展開していく上でもっとも重要なことの一つは，子どもたち自身が「決定に参加する」ことである。それは，「自分たちのことは自分たちで決める」という自治の原則を教育活動の一環として展開するということである。しかもその決定に際しては，「決めたことは必ず実現する／守る」という「決定する」ことの重みを子どもたちに突きつけていくとともに，「実現することも守ることもできそうもないことは，絶対に決めない」という，「自己決定」という美辞麗句を振りかざして子どもたちを支配しようとする勢力に抗うことをも含み込んだものである。

　自治を原則とした集団づくりの展開にあたっては，たとえば「1学期のまとめの会」の企画を取り上げてみても，それは教師から子どもたちに与えられる「息抜き」ないし「ガス抜き」の時間としては構想されない。そうではなくて，まずは子どもたちとともに1学期の自分たちの成長の軌跡を見つめ，今なお残る成長の可能性や課題を明らかにし，その可能性の実現や課題の克服に向かうはじめの一歩となるよう，子どもたちとともに企画される。次に，その内容を学級総会で討議・決定していくことを通して会の目標や内容，さらにはその会の実現方法を共有した上で，会の実現に向けて各種の取り組みを展開していく

ような実践が構想されるのである。

　こうした活動の積み重ねの中で，子どもたちは係活動や当番活動も自分たち
の生活にとって重要な事柄であることを認識するようになり，それらを旺盛に
展開していくこととなる。係活動や当番活動は，教師による学校管理の下請け
を子どもたちにさせることでは決してない。そうではなくて，子どもたち自身
の学校生活を充実したものにしていくきわめて想像的で創造的な活動なのであ
る。

　いうまでもなく，こうした取り組みを展開していけばいくほど，子どもたち
同士の思いや願いがすれ違ったり，発達上のもつれや他者関係の歪みに由来す
る苦悩が表面化したりするなどして，トラブルが起こる。しかしながら，この
国の教師たちは「トラブルは宝だ」と子どもたちに告げながら，そのトラブル
の背後にある友だちの本当の願いや思い，あるいはそのような行動を起こさず
にはいられない苦しみや悲しみを子どもたちとともに読みひらくことを通して，
子どもたちの関係性や集団の質を高めようとしてきた。集団づくりは，こうし
たトラブルの克服をも「自分たちの問題」であると子どもたちに気づかせなが
ら，そのトラブルを克服しきる力を一人ひとりに育もうとしてきた[17]。この
ことを通して，教育基本法（1947 年）に謳われていた「平和的な国家及び社
会の形成者」としての子どもを育てることに挑戦してきたのである。

b.　共同の営みとしての学習の構築

　学校や学級での生活を自治的に取り組ませていくことで子どもたちを民主的
な社会の担い手として形成しようとする試みは，当然のことながら，授業の場
においてもなお自治的な取り組みとなるよう，さまざまな試みがなされてきた。

　その試みのうち，授業の仕組みを子どもたちとともに共同決定していく観点
から見るならば，たとえば班の仲間が理解に困難をきたしているように見えた
ときに「ストップ発言」をして子ども同士の相談の時間や教師による再度の説
明を要求することを通して互いにわかり合う授業を保障しようとしたり，発言
形式と総称される，「○○さんと似ていて，〜」「△△くんとはちがって，〜」
「□□さんにつけ足して，〜」といったような，授業での発言の際の「型」を共
同決定しておくことで，発言を通した授業への参加と一人ひとりの認識の深化

を保障しようとする取り組みが大切にされてきたりした[18]。ここで重要なことは，学習規律と総称されるこうした取り決めが教師から一方的に提示され，その遵守が強制されているのではなく，その取り決めを子どもたちと教師とが共同決定していることである。加えて，共同決定であるがゆえに，自分たちの力量や集団の発展の度合いによって，学習規律そのものを変更させていくことも視野に入れながら，授業に取り組んでいることである。

　また，自分たちにとって学ぶに値する内容やその内容を追求するにふさわしい学習形態ないしは学習方法のあり様を子どもたちとともに共同決定していくような取り組みも展開されてきた。たとえば，地域の至るところで栽培されている菜の花畑に魅了された子どもたちが，自分たちの力で菜の花の栽培に挑戦し，その過程の中で菜種油の抽出に挑戦し，子ども祭りで販売するだけでなく，その過程で出会う地域の環境問題等を追求するために，同じ地域でその取り組みを進めている大人たちと出会って，学習を通して交流するような取り組みが行われている[19]。同様の取り組みは，この国の津々浦々で展開されているといっても過言ではなかろう。

　「学力低下」の大合唱以降，一人ひとりの子どもたちに「学力」を保障しようとして，「学力」の内実を問うことなしにスキルの定着を図ろうとする取り組みも確かにある。その一方で，学習すればするほど他者と出会い，地域や世界の現実に出会い，そのことを通して自分自身と出会いながら，今この時点での現状を変革していきつつ，仲間が，友だちが増えていく学習の指導もまた展開されているのである。

c. 平和的な社会制作を実現する知恵と力の形成

　「1995.1.17」と「2011.3.11」。この日付とともに記憶される2つの大震災以後をわたしたちは生きている。

　この大震災の経験は，一つには近代の象徴たる科学に対する信頼を大きく揺るがすことになった。正確には，「1945.8.6」と「1945.8.9」の記憶に接続されている科学に対する批判的なまなざしの形成が，今一度重要な問題として浮かび上がってきているのである。他方で，今なお仮設住宅棟での生活を余儀なくされている人々の存在は，この国の一側面としての冷酷さを明るみに出し，そ

の冷酷さといかにして対峙していくのかが喫緊の課題であることをわたしたちに告げ知らせている。こうした状況は，戦後の教育の中でくりかえし確認されてきたテーゼとしての「教育と科学の結合」および「教育と生活の結合」のあり様を今一度問うべきことをわたしたちに要求している。これらは問うべき課題であるとともに，希望である。

　2つの大震災の後，人々が新たな歩みを踏み出そうとしたとき，大人と子どもが集い，次の一歩を踏み出すための構想を語り合ったのは，他でもない学校という場であったことを想い起こそう。希望は，わたしたちの足元にある。

　「2011.3.11」以降，わたしたちはこれから生まれてくる子どもたちに対してもまた，希望を語ることのできる学校をつくりだす責任がある。子どもたちとともにわたしたち自身が，平和な社会を形成する知恵と力とが何であるかを探求し，その探求する過程を経て，平和な社会を実現していくことによってのみ，その責任は果たされうる。この課題に応えるという責任が，教育の方法と評価を探究する教師にはある。手を携えてこの責任を引き受け，子どもたちに応答していこう。

引用・参考文献

1) ルソー，J. J. 著，今野一雄訳『エミール（上）』岩波書店，1962 年
2) 同上書
3) ペスタロッチー，J. H. 著，長田新訳『隠者の夕暮・シュタンツだより』岩波書店，1993 年
4) 船越勝他『共同グループを育てる —— 今こそ，集団づくり』クリエイツかもがわ，2002 年
5) サリヴァン，H. S. 著，中井久夫他訳『精神医学は対人関係論である』みすず書房，1990 年
6) 吉本均編著『否定のなかに肯定をみる（新・教授学のすすめ 2）』明治図書出版，1989 年
7) 北日本国語教育連盟「北方性とその指導理論」．『綴方生活』文園社，1935 年 7 月
8) 戦後教育改革資料研究会編『文部省学習指導要領 ①一般編』日本図書センター，1980 年
9) 日本教育方法学会編『現代教育方法事典』図書文化，2004 年
10) 久田敏彦・深澤広明編『学習集団の指導技術（学級の教育力を生かす吉本均著作選集③）』明治図書出版，2006 年
11) 岩垣攝・子安潤・久田敏彦『教室で教えるということ』八千代出版，2010 年

12）久田敏彦・深澤広明編　前掲書

13）鈴木和夫『子どもとつくる対話の教育 —— 生活指導と授業』山吹書店，2005年

14）子安潤『リスク社会の授業づくり』白澤社，2013年

15）平田知美「教育評価における教師の専門性」．小柳和喜雄他編著『新教師論 —— 学校の現代的課題に挑む教師力とは何か』ミネルヴァ書房，2014年

16）全生研常任委員会編『新版 学級集団づくり入門 —— 小学校編』明治図書出版，1990年

17）篠崎純子・村瀬ゆい『ねぇ！聞かせて，パニックのわけを —— 発達障害の子どもがいる教室から』高文研，2009年

18）久田敏彦・深澤広明編　前掲書

19）植田一夫『学校ってボクらの力で変わるね —— 子どもの権利が生きる学校づくり』高文研，2021年

7章

小学生のための生徒指導

1 | 生徒指導の意義と目的

a. 小学生にとっての生徒指導

　6歳から12歳までの学齢児童が在籍する小学校では，高学年で教科担任制の検討・導入が見られる地域があるとはいえ，ほぼ全教科を担任する学級担任教師が，一日の学校生活のほとんどを自らが受け持つ学級という集団の中で，児童の学習指導，生徒指導を行っている。学校は，個々に興味や関心の異なる児童にとって「伸び伸びと過ごせる楽しい場」であり，その「楽しい場」，とくに児童自らが所属する学級において，児童が，「自分の特徴に気付き，自らのよい所を伸ばし，自己肯定感をもちながら、日々の学校生活を送る」（『小学校学習指導要領解説　総則編（平成29年7月）』96頁）中心的な場となることが求められる。そのため，教師は，学級を児童の「学習や生活の基盤として、教師と児童との信頼関係及び児童相互のよりよい人間関係を育てるため，日頃から学級経営の充実を図ること」（平成29年改訂小学校学習指導要領総則第1章第4の1の（3））が求められるとともに、「児童が，自己の存在感を実感しながら，よりよい人間関係を形成し，有意義で充実した学校生活を送る中で，現在及び将来における自己実現を図っていくことができるよう，児童理解を深め，学習指導と関連付けながら，生徒指導の充実を図ること」が求められている。すなわち学級担任教師には，児童が充実した学校生活を送るために，学級経営の充実と生徒指導の充実が求められているのである。

　小学生の生徒指導は，『小学校学習指導要領解説　総則編（平成29年7月）』では，「一人一人の児童の人格を尊重し，個性の伸長を図りながら、社会的資

質や行動力を高めるように指導，援助するものである」（99ページ）と定義されている。また文部科学省が，令和4年12月に改訂した『生徒指導提要』では，生徒指導とは，「児童生徒が，社会の中で自分らしく生きることができる存在へと，自発的・主体的に成長や発達する過程を支える教育活動」（12ページ）と定義されている。

b. 生徒指導の目的

生徒指導の目的は，『生徒指導提要』によれば，「児童生徒一人一人の個性やよさや可能性の伸長と社会的資質・能力の発達を支えると同時に，自己の幸福追求と社会に受け入れられる自己実現を支えること」（13頁）であり、換言すれば，生徒指導の目的は，児童生徒の自己実現の推進力としての自己指導能力の育成と，社会的資質・能力を育む社会性の涵養といえよう。

❶ 自己指導能力の育成

自己指導能力とは，児童が自己実現に向けて，自らの目標を明確に設定し，その目標の達成に向けて，自己選択や自己決定の過程を経ながら，自らを主体的に方向づけていくために求められる能力である。

教師の存在自体は，児童の将来の夢や希望の対象すなわち自己実現の対象でなければならない。そのためにも教師は自ら絶えず夢と希望に満ち，確固たる志を立て，自己実現に向けて学び続けること，換言すれば自らを鍛え・錬り・磨き続けることが大切となる。全教科担任として児童と向き合う教師の一挙手一投足そのものが生徒指導といっても過言ではないであろう。

自己指導能力育成の主要な柱としては，『生徒指導提要』にしたがえば，①児童生徒による自己存在感の感受，②共感的な人間関係の育成（14頁），③自己決定の場の提供、④安全・安心な風土の醸成（15頁）の4つが挙げられる。これらの4つが満たされた学校は，児童にとって名実ともに「楽しい場」となるであろう。

自己指導能力は，児童の自発性・自律性・主体性・自主性を高めることを通して育まれる。

❷ 社会性の涵養──公共の精神ならびに規範意識の醸成と規律の保持

生徒指導の目的の一つである社会性の涵養は，換言すれば，2006（平成18）

年改正教育基本法の柱ともいえる「公共の精神」の涵養と規範意識の醸成ならびに規律の保持といえるだろう。

（a）公共の精神ならびに規範意識の醸成

教育基本法前文には「公共の精神を尊び，豊かな人間性と創造性を備えた人間の育成を期する」と規定されている。「公共の精神」を尊ぶとは他者との共存・共生を意図しながら，社会の中で他者の立場を思いやりながら行動し，公共のルール・マナーを守る等の規範意識を高めることを意味する。そして，その前提として，自己本位，自分勝手な行動を慎む自律の精神や他者と協力する協同の精神の涵養等が必要となる。それについては教育基本法第2条に「自主及び自律の精神を養う」こと，および「公共の精神に基づき，主体的に社会の形成に参画し，その発展に寄与する態度を養う」こととして，自主・自律の精神と公共の精神に基づく社会性の涵養が規定されている。教育基本法第2条を受けて，学校教育法第21条には「自主，自律及び協同の精神，規範意識，公正な判断力並びに公共の精神」を涵養することの重要性が規定されている。法規定にも見られる，自律の精神・規範意識・公共の精神の涵養は，小学校の生徒指導の充実化の柱である。

（b）規律の保持

教育基本法第6条第2項には「教育を受ける者が，学校生活を営む上で必要な規律を重んずる」ことが規定されている。いうまでもなく学校生活の中心は「授業」である。学校が児童にとって「楽しい場」であるためには，学校生活の中心である授業が児童にとって楽しい場・時間となる必要がある。したがってその「授業」の充実化が求められるが，その前提となるのが「授業を受ける者」・学習者である児童が授業の「規律」を重視することである。児童が授業の規律を保持するためには，教師による教室環境の整備と児童に対する徹底したしつけが必要であろう。加えて学習集団・生活集団としての学級における児童一人ひとりの役割を適正に分担し，学級内での自己存在感，自己有用感を実感させるとともに，役割遂行にともなう責任感を醸成し，自律の精神，協同の精神，連携協力の意識を高めることが肝要であろう。児童が規律ある行動ができるためには，学校生活の場面で，あいさつ，掃除，チャイム着席等を徹底させることが肝要である。また学校教育法第31条の体験活動の充実に見られる

ように，運動会・学習発表会等の学校行事，校外での集団宿泊訓練，奉仕体験活動などを通して，あいさつをはじめとするコミュニケーション能力や他者との協同の精神を高めることが肝要である。特にあいさつは，社会的行動の基本中の基本である。江戸時代の儒学者の細井平洲（1728-1801）が「先施」（先に施すこと）の思想を謳っているように，教師が率先垂範して児童に先駆けてあいさつを切り出すことが肝要であろう。呼ばれたら「ハイ」と大きな返事をする。「ハイ」の大きな返事は，勇気・やる気・自信・自己開示の体現であり，児童の行動を推進する内面の力の発露である。教育基本法第6条第2項には「教育を受ける者」の「学校生活を営む上で必要な規律」に続いて「自ら進んで学習に取り組む意欲を高めること」が規定されている。授業の「規律」は，学習者が，授業に対して興味・関心を抱き，主体的に学ぶ意欲を喚起し，授業に集中し，授業に主体的に参加することができれば，自ずから授業の規律は保持されていく。そのために教師による入念な授業準備・展開が必要とされる。「生徒指導は学習指導（授業）の中に有り」ともいわれるところである。教師は，特に授業の導入の場面において，スイスの大教育家ペスタロッチ（Pestalozzi, J. H.: 1746-1827）の教育思想に見られるように「直観の原理」の発動等により，児童の学びに対する心理的抵抗感を払拭し，興味・関心を高め，学習意欲の増進を図り，主体的な学習活動を導くことが肝要となる。学習とは「自己活動の原理」の発動であり，学習者自らの活動によって行われる営みに他ならないからである。

2 ｜ 生徒（児童）理解と「受容」

　生徒指導は，教師と児童，児童と児童との人間関係の構築を前提とする。そのためにも教師は一人ひとりの児童の「たしかな理解」に心がけ，診断的理解や共感的理解を通して児童の性格・特性を把握し，共感的人間関係の構築に努めなければならない。児童理解にあたっては，一人ひとりの児童をしっかりと「受容」（acceptance）することが必要である。「受容」の機能は，アメリカの心理学者ロジャーズ（Rogers, C. R.: 1902-1987）の理論に基づけば，教師自らが「真実の姿」で児童に接する「自己一致」，児童の立場・児童の枠組みで児

童を理解する「共感的理解」, そして自らの学級の児童・学校の児童であるから条件を付けずにかかわりつづける「無条件的積極的関心」の3段階により発動する。

　児童理解は, 児童に対する生徒指導の前提であり, 特に学級担任教師には, 一人ひとりの児童をしっかりと受容し, 児童に心のやすらぎ, 心の安定感, 居場所づくりを推進することが肝要となる。これが児童に自己存在感と自己決定の力を育むことにつながっていく。

3 ｜ 生徒指導の領域・態様と方法の工夫

a. 生徒指導の領域

　生徒指導の主要な領域としては, 学業指導, 個人的適応指導, 社会性・公民性指導, 道徳性指導, 進路指導, 健康・安全指導等が挙げられる。小学生を対象とした進路指導は, キャリア教育である。

　学業指導とは学習指導に最も関連した機能である。学習に対する興味・関心・意欲を高め, 学習に対して意欲的, 積極的な取り組みに向かわせるとともに, 児童にとっての望ましい学習習慣を形成させるために行われる指導である。学業指導は, 学習指導の中心となる授業の場面や学級活動, 朝の会, 終わりの会でも行われる。授業では, 特に導入の段階が本時の内容に対する興味・関心・学習意欲を高める時間であり, まさに学業指導が中心的に機能するといえるだろう。授業の場面で, 教師が教科の魅力に児童を引き込むことも求められよう。

　個人的適応指導とは, 児童それぞれが, 個人の学校生活および日常の生活で直面している環境との間に円滑な相互作用を展開し, それによって環境との適応が図れるように行う指導である。児童自らが直面する学校生活環境や家庭生活環境の中で生じている悩みや不安, その他環境との適応の妨げになっている諸問題の解決を支援し, 児童が望ましい適応ができるように援助する指導である。児童が遭遇する諸問題の解決にあたっては, 児童が自らの力で直接的に解決できるように, 教師は間接的な支援をすることが望ましい。しかし児童が暴

力行為をともなういじめ行為を受けている場合など，教師自らが直接的に問題解決に乗り出すことも求められよう。この適応指導は，児童個人を直接の対象とし，児童の適応そのものを問題として行う指導である。そのため教師は，自らに求められる高度な問題解決能力を涵養するために，確固たる志を立て，自らを鍛え・錬り・磨き続けることが肝要であろう。自らを鍛え・錬り・磨くためには，日々の生活の中で細事・小物を忽せにせず，心を込めてていねいに取り扱うことが肝要であろう。

社会性・公民性指導とは，社会の一員としての責任，自立と協調，公衆道徳を児童に形成させていくために行う指導であり，主に集団活動を通して行われる。社会の中での人間としての生き方を集団活動を通して学ばせるものである。

道徳性指導は，人間尊重の精神と生命に対する畏敬の念を学校生活および社会生活の中で浸透していけるように，道徳的価値を理解し，道徳的実践意欲や態度を養い，道徳的実践力を涵養するための指導である。道徳の時間を要として，全教科および特別活動等での指導が求められよう。

健康・安全指導は，児童が基本的生活習慣を形成し，心身ともに健康で安全な状態で，学校生活および社会生活を遂行できるようにするための指導である。定期的な健康診断や予防教育，危険防止のための教育等が挙げられる。児童が犯罪に巻き込まれないように身の安全を守るための防犯指導等も含まれる。

今日，キャリア教育が小学生から大学生まで，発達段階に応じて進められている。キャリア教育では，人間としてこの1回限りの人生をいかに生きるかについての「志」を立てる教育が中心となる。小学生の段階では，将来，やりたい仕事や就きたい職業等の夢や希望を人生の志の前提として胸に抱かせ，それに向かって充実した積極的な学校生活を送らせることが肝要となる。小学校の6年間で，児童の夢と希望を大きくふくらませ，人間としての生き方の核としての「志」に変容させていくことが肝要であろう。

b. 生徒指導の態様

生徒指導の態様としては，大きくは，開発的指導，問題解決的指導，治療的・矯正的指導，予防的指導（危機管理的指導，問題行動を未然に防ぐ指導）に分けられる。

　開発的指導とは，児童の個性・特性を生かし，人間的価値・能力を引き出すために行われる指導であり，生徒指導の積極的な側面を示すものである。すでに述べた自己指導能力を育む指導がこれにあたる。

　問題解決的指導とは，児童に生じた諸問題を解決していく指導であり，教師には児童が自らの内面的な力を発動して問題を解決できるような間接的支援をすることが求められるが，いじめ問題等，教師が直接的に介入して問題を解決することも求められる。教師は児童に安心感，内的やすらぎを与える存在でなければならない。「教室に先生がいてくだされば何とかなる」という気持ちを児童に持たせることが必要となる。そのためにも，教師には，高度な問題解決能力が求められる。

　治療的・矯正的指導は，いじめ問題等を起こした児童に対する改善指導や，何らかの理由で不登校等になった児童や心に傷を持った児童に対するケアの指導である。

　予防的指導は，問題行動等を未然に防ぐ指導であり，危機管理の事前措置，予防的措置にあたる。

　令和4（2022）年に改訂された「生徒指導提要」では，開発的指導は「発達支持的生徒指導」，問題解決的指導と治療的・矯正的指導は「困難課題対応的生徒指導」，予防的指導は「課題予防的生徒指導」の，いわゆる「生徒指導の3類」の中に包含されている。

4 ｜ 生徒指導の諸問題への対応

　児童の授業中の規律の保持や規範意識を醸成するためには，教師はときとして「毅然とした態度」で臨まなければならない。その際の教師の児童に対する指導行為は，規律に反する児童に対して，注意をする等の事実上の懲戒行為である。懲戒行為を明確に規定している学校教育法第11条および学校教育法施行規則第26条についての認識が求められる。

　学校教育法第11条には，生徒指導上の諸問題に対する実質的な指導形態である「懲戒」が，児童・生徒・学生に対する教育を遂行する上で必要と認める場合に可能であると規定している。学校教育法施行規則第26条には，校長お

よび教員に容認されている「事実行為としての懲戒」について，「児童等の心身の発達に応ずる等教育上必要な配慮」を行うことと，校長のみに認められている「法的効果を伴う懲戒」について，訓告，停学，退学を挙げ，退学については該当事項を設けている。

　「事実行為としての懲戒」とは，教育活動の場面場面において生起する児童の逸脱行為に対して，口頭による注意・叱責等主に言葉によって行われるものである。ときに教室に居残りをさせて説教をしたり課題をさせたり，反省文を書かせたり，宿題を多く課したりするものや，掃除当番を多く課したり，教室内に立たせたり，短時間に限り端座させたりすることも含まれる。校長，教頭はじめ教員すべてが行える懲戒である。「法的効果を伴う懲戒」とは，学校教育法施行規則第26条に見られるように，訓告（文書に記録が残る口頭による注意），停学（一定期間，学校に来させない処分であり，公立・私立を問わず学齢児童生徒には適用されない），退学（在学関係を解除するものであり，公立の学齢児童生徒には適用されない）があるが，これは校長のみが行える懲戒である。

　学校教育法第11条は，「懲戒」の容認とともに，懲戒行為から転化しがちである体罰の禁止について明記している。体罰とは，懲戒の手段として児童に対して「有形力」（物理的な力）を行使すること，いわゆる「殴る，叩く，蹴る」等であるが，広く児童に肉体的苦痛を与える行為も含まれる。また用便を我慢させたり，空腹を我慢させたりすることも体罰に含まれる。児童に肉体的苦痛をともなわせるものも体罰に含まれる可能性のあることは，ときとして懲戒行為と体罰との峻別が難しくなり，いわゆるグレーゾーンを生じさせやすくなる。立たせることも端座も長時間行えば肉体的苦痛をともなうし，たとえ短時間であっても，そのときの児童の体調等がすぐれない場合には，肉体的苦痛を感じさせ，体罰となる場合もある。そのため，そのときどきの状況を十分に見極めながら懲戒行為を行う必要がある。体罰を行った教員に対しては，公立学校の教員であれば，地方公務員法・刑法・民法上の責任が問われることになる。

　児童に対する体罰としての有形力の行使は禁じられているが，ときとして教師の有形力の行使が，刑法でいう緊急避難としての正当防衛や正当行為にあたる場合には，容認されうる。正当防衛にあたる場合とは，教師が児童から暴力

行為を受け，教師自身に危害が及びそうになる場合である。正当行為にあたる
場合とは，教師が，目の前で殴る蹴る等の暴力行為を受けている児童等を救済
するために，加害の児童の暴力行為を制止するためにやむを得ず有形力を行使
した場合等である。いずれも生徒指導が過度に困難な状況のもとで起こりうる。

5 ｜ 小学校に求められる生徒指導

a. 担任教師の役割

　小学校の生徒指導は，学級がその主要な場をなし，全教科担任としての学級
担任教師の役割が重要となる。小学校における学級集団は，全教科担任の教師
の指導のもとでの教育・学習集団であり，学校生活の中心の場である。学級担
任教師は，この学級を中心として，児童の自己指導能力の育成と社会性の涵養
を図る必要がある。

　学級は，一人ひとりの児童にとって自己存在感や自己有用感を実感できる場
として機能しなければならない。学級内の人間関係の円滑化が第一に必要であ
る。担任教師と児童との信頼関係を基盤とした人間関係，児童相互の好ましい
人間関係の構築が求められる。学級の児童一人ひとりには異なる興味・関心が
ある。児童が自らのよさに気づき，そのよいところを伸ばし，学級における存
在感を実感し，内的やすらぎのもとに，学級を心の居場所ととらえるようにな
ることが求められる。自分のよいところを伸ばし，学級内で自己存在感に満ち
あふれ，それにより自己肯定感・自己効力感・自己有用感につながり，自尊感
情にあふれることが求められる。

　学校生活の中心をなすのは授業であり，この授業の場面での児童の規律の保
持が求められる。教師は，規律の保持に際して，必要に応じて「毅然とした対
応」をとることが求められるのである。学級担任の教師としての生徒指導にか
かわる資質能力のよりいっそうの向上が求められるとともに，学校組織全体を
あげての生徒指導体制づくりが必要となる。

　学級担任教師は，学級経営の充実化をめざし，学校・学年経営をふまえて，
調和のとれた学級経営目標を設定し，それに基づいて具体的な学級経営案を作

成することが肝要である。この学級経営案は，学級における児童の指導の方向
および内容を明示するものである。学級経営においてもっとも重要なことは，
いうまでもなく，学級内の児童一人ひとりの実態の把握であり，児童を確実に
理解することが肝要となる。この確実な児童理解は，それぞれ違った能力・適
性，興味・関心等を有する一人ひとりの児童を，日頃のきめ細かい観察を基本
に，面接などの適切な方法を用いて，客観的かつ総合的に認識することである。
ここに教師には，対象となる児童に対する鋭い観察力が求められる。この鋭い
観察力が，児童の内面の理解まで可能とする洞察力につながることが求められ
る。児童に対する観察力・洞察力は，教育愛に裏づけられた「教育に対する感
性」によって育まれるであろう。常日頃において児童を理解しようとする担任
教師は，児童に対する教育的愛情に自ずから満ちあふれ，その愛情こそが児童
理解の推進力となるであろう。教師による児童理解は，児童との信頼関係を基
盤とする人間関係の構築にとってきわめて重要である。教師は児童を理解する
にあたって，児童もまた教師を「児童の枠組み」で理解していることに気づい
ておかなければならない。児童は，教師の服装はもとより，何気ない言動や所
作までよく観察し，理解している。教師と児童との人間関係は，教師による
「児童理解」と児童による「教師理解」によって成立することを認識しておく
必要がある。児童が学級の中で存在感を実感できるための前提としては，教師
との信頼に基づく人間関係と児童相互の理解に基づく人間関係が成立しており，
一人ひとりが学級で心のやすらぎを感じ，自らの学級を準拠集団として位置づ
けることが肝要である。担任教師は，スイスの大教育家であるペスタロッチの
いう「居間の教育力」が発揮される「居間」における母親の存在のごとく，児
童に内的やすらぎを感じさせるべく創意工夫をすることが肝要である。

　学級担任教師は，児童がお互い同士，相手の立場を理解し，相手の立場に
なって考え，相手に何か価値あるものを見出すように心がけることが自然と行
われるような，支持的風土としての学級風土の形成を心がける必要がある。学
級内での教師のあり方が問われるところである。

b．小学校における生徒指導体制

　生徒指導は，小学校段階から高等学校段階までの発達段階にある児童生徒を

対象とする教育活動である。従来，小学校における生徒指導については，校務分掌上の明確な位置づけはなく，主要には全教科担任制のもとで，学級担任における学習指導と生活指導の中に内包されている機能として認識されてきた。

1990年代の後半以降においていわゆる「授業崩壊（学級崩壊）」といわれる現象が，小学校現場に見られるようになるとともに，非行の低年齢化，小学校における暴力行為・いじめ・不登校等の諸問題が顕在化し，加えて近年に見られる小1プロブレム等，中学校，高等学校と同等以上に生徒指導上の諸問題が勃発している。

このような中で，小学校でも学校全体で生徒指導を進める必要性の認識が深まり，生徒指導体制の構築が進められつつある。生徒指導体制の構築には生徒指導上の連絡・調整等のキーパーソンの役割を担う「生徒指導主担当者」の存在が不可欠である。しかしながら，小学校には，中学校，高等学校のように生徒指導主事が学校教育法規定上において必ず置くこととされておらず，小学校における生徒指導担当者は，通常は生徒指導主任等に位置づけられている。小学校では，生徒指導主任等が学級担任を受け持っている場合も多いため，中学校の生徒指導主事に求められている連携調整の役割を生徒指導主任1人ですべてこなすことは厳しい状況である。

そのため，小学校においても，校長・副校長・教頭を要とし，連絡・調整役として，「生徒指導主担当者」，すなわち担任を持たない生徒指導を主に担当する教員を配置した生徒指導体制を確立し，日々の学校生活における生徒指導を具体的・実際的に展開することが求められている。全国的な小学校教員のなり手不足の中で，充実した生徒指導体制の創造的確立が求められるところである。

6 │ 生徒指導の課題とその対応

a. 生徒指導の課題

小学生は1年生から6年生までの6年間を同じ学校で過ごす。この6年間の学校生活は，一般的学校体系としての小学校・中学校・高等学校・大学の16年間の学校生活の3割強を占めるとともに，学習者（子ども）にとってこの小

学校生活は，物理的時間，心理的時間ともに最も長い学校生活である。この6年間の児童の成長はめざましい。子どもは，時代の変化にかかわらず，すくすくと立派に成長する可能性を内に持っている。しかしながら子どもをとりまく環境の変化の波が子どもを包み込み，子どもはその環境の影響を受ける。

　環境は人間形成に大きな影響力を持つ。子どもをよい環境の中で成長させることが一番大切である。子どもの環境は，家庭環境，地域環境，学校環境である。児童期の子どもはこの3つの環境の中で，成長していく。

　小学校，特に公立の小学校は，地域の拠点としての役割を担い，小学校区として，地域の生涯学習・社会教育の拠点としての公民館と連携し，校区として地域住民の生活単位を形成している。小学生は，生活環境としての地域の影響を受け，小学校に通学してくる。したがって，小学生の指導に対しては，地域性を理解するとともに，地域の一員としての保護者理解とともに保護者を含めた地域の協力のもとに児童の指導を行うことが肝要となる。教育基本法第13条の規定に見るごとく，学齢児童生徒の教育については，学校のみならず，家庭，地域の連携協力のもとに担う必要がある。

　小学生の学級崩壊や小1プロブレムがいわれて久しい。いじめ問題や暴力行為，また不登校の他にも小学生の問題行動は多様化・複雑化している。特に近年は小学生による対教師暴力も目立ってきた。小学校の中にも，指導困難校の存在は否めず，学級担任教師の指導が成立しにくいため，授業規律が保てず，授業崩壊となる学級も見られる。全国的に見て児童は，自己肯定感や自己存在感に乏しく，自分に自信のある子どもは国際的に比較するとやや低めであり，学習や将来の生活に対する無気力・不安感を抱いたり，友だちや仲間のことで悩む児童が増加傾向にある。人間関係の形成が困難・不得手であり，また自制心や規範意識が希薄化している児童も見られる。

　小学校における生徒指導上の最も大きな問題であるいじめ問題については，いじめ防止対策推進法（2013〈平成25〉年6月28日公布〈平成25年法律第71号〉同年9月28日施行）の制定により，いじめ防止対策にかかわる国、地方公共団体および学校の責任が明確化され，その具体的な取り組みが求められている。学級担任教師は，いじめ防止対策法に基づくいじめ防止のための学校のガイドラインに基づきながら，いじめ防止への具体的かつ実効的な取り組み

を行わなければならない。小学生の生徒指導においては，学級担任教師1人が抱え込んではいけないが，いじめの問題については，とくに一人ひとりの確かな理解に基づいて，学級担任教師が対応していく必要があるであろう。

b. 課題への対応

❶ 教育愛と教育する勇気の発動

学級担任教師は，児童に対する教育愛とともに，その「反対の合一」ともいえる教育する勇気を発動し，児童の逸脱行為等に対しては「ダメなものはダメ」という毅然とした対応をとり，学級における規律を保持し，子どもたちに社会的なルールを身につけさせるために，規範意識を芽生えさせ，公共の精神を育成するとともに，児童が学級集団の一員として，安心感に包まれながら，自ら持てる力を十分に発揮できるような環境づくりを行うことが肝要である。児童が，学校生活のあらゆる場面で，準拠集団としての学級，ひいては学校の一員として，自己存在感・自己効力感・自己有用感に満ちあふれながら，自ら主体的・自主的に判断できる自己決定の場が与えられ，その決定に基づいた責任感に裏づけられた行動力を培うことが肝要となる。教師は教育者であり，自らの姿勢・態度が問われる。したがって，教師は自らの人間としてのあり方生き方の範（手本）を示すべく，言動・姿勢・態度を形成し，良識ある社会人としての行動力を涵養するため，絶えず自らを鍛え・錬り・磨き続けることが求められる。教師は自らが児童に人格的影響力を及ぼす存在であることを改めて自覚し，自らの人間力を高め，真実の姿で率先垂範・実践躬行することが肝要であろう。「教育愛」こそ，教師の力量形成の源泉・原動力といえるだろう。

❷ 生徒指導の方法の開発

生徒指導にあっても，学習指導と同様に，目標の設定と計画の策定，そして方法の工夫開発が求められ，それにともなう具体的な活動が行われる。しかしながら，その活動を行う際の方法が十分に工夫開発されているとはいえない。ひとえに生徒指導の方法の開発は，教師一人ひとりの創意工夫にかかっている。これは学習指導と同様といえよう。生徒指導の方法については，個人指導，集団指導といった指導形態とのかかわりと，場面や状況に対応した指導が求められよう。

　生徒指導上の方法の開発には，教育学的知見に加えて，心理学的スキルと先人・先哲の教えの活用も有益であろう。

　(a) 心理学的スキル

　心理学的スキルとしては，コーピングスキル（coping skill），すなわち状況を的確に判断し，適切に対処するスキルを磨き，適宜それを教育実践に生かすことが求められる。コーピングスキルとしては，児童・保護者を理解し援助するスキルとして，共感的理解をベースに「どうして」「なぜ」と聴けるスキルとしてのカウンセリングのスキル，児童の生徒指導上の資料やコミュニケーションチャンネルやネットワークを活用したリサーチのスキル，児童・保護者から発するサインを見逃すことなく「打てば響く」対応ができ，集団の中で一人ひとりを活かし，集団をまとめて目的に向かわせるリーダーシップのスキル，自分を他者に理解してもらうために自らを語る「自己開示」のスキル，「ここぞ」というときにためらわずに自分を打ち出し毅然とした対応のできる「自己主張（アサーション）」のスキル，人前で自分を表現し自分を伝えるコミュニケーションのスキルとしてのパブリックスピーチのスキル，自分の中に生じた怒りの対処法としてのアンガーマネジメント等が挙げられよう。

　教師は，これらのスキルを日頃の教育実践の中で，自然体で活用できるように，トレーニングを積んでおくことが肝要であろう。

　(b) 先人・先哲の教えの活用

　先人の教えは，生徒指導を担う教師が，教育愛と教育に対する使命感を教育実践の核として，児童を粘り強く指導する人間としての内面の強さを構築するための心の環境づくりを行うのに有益であろう。

　先人の教えとしては，たとえば孔子の『論語』（述而第7）の「学びて厭わず，人を誨えて倦まず（学而不厭，誨人不倦）」や江戸時代末の儒学者で，昌平坂学問所の儒官を務めた佐藤一斎（1772-1859）の随想録『言志四録』の一つ『言志晩録』に見られる「人の過失を責めるには，十分なるを要せず，宜しく二三分余し（責人之過失，不要十分，宜餘二三分）」（『言志晩録』第233条），自暴自棄に追い込まず，反省・改善の余地を与え「自新」，すなわち自己改善・自己変容への道を開く，等，生徒指導の根本や知恵にあたるものがみられる[1]。

（c）児童によって生かされ，児童とともに生きる教師としての自覚

　教師は児童によって生かされている。児童あっての教師である。自分が教師として生きることができるのは，自分の目の前に児童がいるからである。自分が教師として生かされ，教師として成長し続けることができるのは，目の前の児童，保護者，学校の校長・副校長・教頭・同僚教師，地域の人々のおかげであることを深く自覚し，絶えず感謝の気持ちを胸に，教育実践にあたることが肝要であろう。児童，保護者をはじめとして教師の周りのすべての人々（人間環境）が，自らを教師として存在させ，教師として成長させてくれる「学び」の対象ととらえることにより，教師の内面から前向きのプラスのパワーが満ちあふれ，よりいっそう人間力を向上させ，生徒指導に取り組むことが可能となるであろう。

　教育学の先人で，玉川学園の創設者，「全人教育」の提唱者である小原國芳（1887-1977）は次のように述べている。「かく考えてみればホントに，己を捨てることは全く真の自分を得る所以^{ゆえん}です。教えさせてもらっとるのです。尽くさせてもらっとるのです。生かさせてもらっとるのです。犠牲とか奉仕とかいうことすらまだ色気があるようです。一切を抛げ出すことです。これがホントに自分を生かすことだと思います」（小原國芳『師道』玉川大学出版，1974年，111-112頁）。

　小学校の教師は，児童に「教えさせてもらっ」ており，「尽くさせてもらっ」ており，教師として「生かさせてもらっ」ているのである。

　教師は，児童，保護者，地域から懇願されて教師になっているのではなく，自らの意思で，自らが強く願い求めて教師になっていることを深く自覚し，目の前の児童に向き合い，「己を捨」て，「一切を抛げ出」し（先入観や虚栄心，自己本意の心等を払拭し，自らのもてる力量をすべて発揮し），指導していくことが肝要であろう。

引用・参考文献

1) 上寺康司「佐藤一斎の『言志四録』にみる教育・指導の態様と工夫」『福岡工業大学研究論集』第43巻第2号，2011年

その他の参考文献

文部科学省『生徒指導提要』（改訂版）2022 年
文部科学省『生徒指導提要』2010 年
国分康孝『学校カウンセリングの基本問題』誠信書房，1987 年

8章

特別活動と学校行事

1 | 特別活動とは

　学校生活を振り返ると，まず思い出されるのは運動会や遠足，音楽会や発表会，卒業式や入学式などだろう。これらは国語や算数，理科，社会などのいわゆる「教科」に対し，授業外のお楽しみの時間のように思われがちだ。だが，これらは「特別活動」として教育課程の中に位置づけられるものだ。

a. 特別活動の位置づけ

　現在の小学校の教育課程は，各教科のほか，特別の教科・道徳，外国語活動，総合的な学習の時間，そして特別活動という領域からなる。これらはそれぞれ固有の特質とねらいを持ちつつ，互いに補完し合って学校教育全体を構成する。その中にあって特別活動は，学習の姿勢や態度の形成，学習集団の構築などの点において各領域全般に関わる。逆にいうと，特別活動のめざすところは自領域の活動のみでなされるものでなく，各領域との関連のもとに学校教育全体を通してなされるといえる。歴史的には，特別活動が「教科外活動」として教科の付随物とされた時もあり，今も軽く見られがちな感もある。だが，その総合性と独自性という点から，教育課程上で重要なポジションを占めるものだ。

b. 特別活動が目指すもの

　2017（平成29）年改正の学習指導要領では「3つの柱」を示し，これに沿って各教科等の目標及び内容のすべてを整理した。これに照らし，特別活動で育成すべき資質・能力として，①より良い人間関係を形成することに必要な資質・能力（人間関係形成），②社会参画のために必要な資質・能力（社会参画），

表8－1　特別活動の目標（学習指導要領第6章の第1「目標」）

> 　集団や社会の形成者としての見方・考え方を働かせ，様々な集団活動に自主的，実践的に取り組み，互いのよさや可能性を発揮しながら集団や自己の生活上の課題を解決することを通して，次のとおり資質・能力を育成することを目指す。
> (1) 多様な他者と協働する様々な集団活動の意義や活動を行う上で必要となることについて理解し，行動の仕方を身に付けるようにする。
> (2) 集団や自己の生活，人間関係の課題を見いだし，解決するために話し合い，合意形成を図ったり，意思決定したりすることができるようにする。
> (3) 自主的，実践的な集団活動を通して身に付けたことを生かして，集団や社会における生活及び人間関係をよりよく形成するとともに，自己の生き方についての考えを深め，自己実現を図ろうとする態度を養う。

③自己実現のために必要な資質・能力（自己実現）の3つの視点を示した。そして，「望ましい集団活動を通して」としてきたこれまでをふまえ，児童がさまざまな集団活動に自主的，実践的に取り組み，互いのよさや可能性を発揮しながら集団や自己の生活上の課題を解決することを通じて，これを育成することをめざすものとした。これが「目標」として，表8－1のように示されている。

c. 特別活動の内容，特質と教育的意義

　特別活動は，学級活動，児童会活動，クラブ活動（以上3つをまとめて「各活動」と称される），そして学校行事から構成され，それぞれに目標と内容が示されている（表8－2参照）。これらの各内容が相互に関連しながら，全体目標の実現＝資質・能力の育成を目指すこととなる。

　特別活動は科目として意識されることは少ないが，本章冒頭でもふれたように記憶に残りやすく，学校生活の中でのウエイトの大きいものだ。さらに，授業時数の配当はないものの，朝の会，帰りの会や給食，清掃といった日常の活動も含まれる。学校という小社会にあって，各教科等で培われた資質・能力は，特別活動のこうした諸活動の経験を通し，実際の生活や社会で生きて働く汎用的な力へと昇華していく。また，活動によって学級や学校の基盤が培われ，各教科等における主体的・対話的で深い学びの実現や，学びに向かう協働的な集団の形成につながる。このように，特別活動は教科等と教育課程上の両輪であり，また，相互に往還する関係にあるといえる。そのポイントは以下のとおりである。

表8－2　特別活動を構成する各活動と学校行事の目標

学級活動	学級や学校での生活をよりよくするための課題を見いだし，解決するために話し合い，合意形成し，役割を分担して協力して実践したり，学級での話合いを生かして自己の課題の解決及び将来の生き方を描くために意思決定して実践したりすることに，自主的，実践的に取り組むことを通して，第1の目標に掲げる資質・能力を育成することを目指す。
児童会活動	異年齢の児童同士で協力し，学校生活の充実と向上を図るための諸問題の解決に向けて，計画を立て役割を分担し，協力して運営することに自主的，実践的に取り組むことを通して，第1の目標に掲げる資質・能力を育成することを目指す。
クラブ活動	異年齢の児童同士で協力し，共通の興味・関心を追求する集団活動の計画を立てて運営することに自主的，実践的に取り組むことを通して，個性の伸長を図りながら，第一の目標に掲げる資質・能力を育成することを目指す。
学校行事	全校又は学年の児童で協力し，よりよい学校生活を築くための体験的な活動を通して，集団への所属感や連帯感を深め，公共の精神を養いながら，第1の目標に掲げる資質・能力を育成することを目指す。

❶ 集団活動であること

　特別活動の中心的かつ基本的要素は，集団の活動であるということだ。子どもたちは，学級集団や学級，学年の枠を超えて組織された集団の中で，よりよい生活や人間関係を構築するために，他者と協力して目標や方法を決めたり，役割を分担したりして，一員として活動に参画していくこととなる。

　集団活動は，他者との関わりという点で，子どもたち相互の関係や教師と児童とのふれあいを深めるものでもあり，思いやりの心や共に生きる態度を培うこととなる。良好な関係の集団の形成は，学級・学校に対する適応度を高め，また，いじめなどの諸問題を抑制する支持的風土の形成にもつながる。さらに，学級や学年の枠を超えた活動では，タテとヨコ，両方の関係について体験し，社会性を培い，集団としての秩序を維持することについて学ぶ機会にもなる。その上，活動の楽しさや充実感，達成感といったものは，多様な他者との関わりを通じてより強化される。諸活動による実感は，集団の中での体験をすることで，その学び，記憶をさらに強いものへと深化させるのである。

❷ 実践的な活動であること

　特別活動は，実際の生活経験や体験学習による，子どもたちが自ら「なすことによって学ぶ」ことを方法原理とする活動である。実践的・体験的な活動は，各教科等の他の領域で習得された知識や能力が，総合され，発展されていく機会につながるものであり，また，喜び・面白さなど感情面での高ぶりをとも

なって学習の効果を強めるものでもある。逆に，体験することで学習への興味・関心の喚起も期待される。

❸ 自主的な活動であること

特別活動は，子どもたちが自分たちの課題に主体的に取り組む活動である。教師からすべてのやり方を示される指示待ち的な活動ではない。自分たちで考え，自主的，自発的に活動に取り組むことが活動の原則である。ゆえに，指導の方法としては，子どもたちの発意・発想を尊重し，また促しながら，実践を助長していくことが求められる。自分たちによる自分たちのための活動を行うことで，自己実現にも通じ，課題解決による直接的な成果以上に，積極性など前向きな姿勢・態度の形成を促す。

❹ 個人の資質の育成につながる活動であること

集団の活動であることが特徴ではあるが，それは集団至上主義的な志向を持つものではない。同調圧力が強すぎたり，ひいては防衛的風土を強くしたりというものであってはならない。むしろ，集団での活動を通じ，個が輝き育つもの，そして個人の資質の育成，個性の伸長が図られるものである。子どもたちは，さまざまな集団活動を通して他者との関係を紡ぐ中で，自他の違いに気づき，自己の良さや可能性を認識し，さらには他者との共生の方法を身につけていく。特に，異年齢や学校外の者など，「異質な」者たちとの交流を重視した多様な関係の経験は，社会性や公共の精神といった資質の獲得にもつながる。

2 ｜ 特別活動の各活動

特別活動を構成する「各活動」には，学級活動，児童会活動，クラブ活動の三つがある。いずれも子どもたちの自発的，自治的な活動であり，教師には，活動の内容の特質に応じ，それが効果的に展開されるよう配慮が求められる。

a. 学級活動

学級活動は，特別活動の諸活動のうち，子どもたちが最も身近に依拠する集団である「学級」を単位とする。そうした点で，特別活動全体の中でも中心的な時間となるものであって，学級や学校の一員としての認識・行動を深め，望

ましい人間関係やよりよい学級集団を育成する活動である。

❶ 学級活動の内容と特質

　学級活動の内容としては，①学級や学校の生活づくりへの参画，②日常の生活や学習への適応及び健康安全，③一人一人のキャリア形成と自己実現の3つが示されている。

　(a) 学級や学校の生活づくりへの参画

　学校生活上の基礎集団たる学級での集団生活を円滑で充実したものにすることを課題とする。係活動などの学級内の組織運営に関すること，クラスルームなどの環境整備に関することなど，共同生活上のさまざまな課題の解決を目指す取り組み，しかも子どもたちによる自主的・自発的な活動であり，集団の皆が関わり共同で活動していくものである。よって，子どもたち自身が気づき，関心を有しながら，自主的に取り組むということが重要であり，自分たちで解決に向け実践していくことのできる内容が望まれる。

　(b) 日常の生活や学習への適応と自己の成長及び健康安全

　学級活動は，社会生活を送るために必要とされる習慣の形成，人間関係の形成を行っていく場でもある。多様化・複雑化が進む現代社会にあって，食に関する課題や災害や事故等に対し，健康と安全，食習慣の形成といったことも求められる。健康と安全ということでは「心身ともに健康で安全な」と述べられているように，単に物理的・表面的な「健康・安全」ではなく，メンタル面での健全性の確立も重視される。

　(c) 一人一人のキャリア形成と自己実現

　キャリア教育は2008（平成20）年の学習指導要領から本格的に導入されたが，今次になって総則に「キャリア教育」という言葉が盛り込まれ，その上で，学級活動の項目として「キャリア形成と自己実現」が追加された。これは，今までなかった内容を新たに追加したというわけではない。2008（平成20）年の「小学校学習指導要領解説　特別活動編」に，特別活動は「望ましい勤労観・職業観を育成したり，児童が自ら現在及び将来の生き方を考えることができるようにしたりするなど，キャリア教育としての役割も有している」とある。今回はそれを中学校以降のキャリア教育へのつながりの視点から内容を整理し，育成する資質・能力を明らかにして再構成したものだ。特別活動は，集団や他

者との関わりを前提として自己の現在及び将来を考えるということをひとつの特質としてきた。また，目標として「自己実現」の観点を明示してきた唯一の領域でもある。こうした点からも，活動への振り返りを行いながら，学びや生き方に見通しを持って，自己実現へと進む力を培うものである。

❷ 学級活動をすすめるにあたって

小学校は1年生から6年生まで発達の段階が大きく違う。学級活動は「自主的・自発的な活動」ではあるのだが，発達段階に応じて活動への教師のかかわり方を工夫していく必要がある。これは，発達段階のみならず，学級集団の状況にもよる。生活や学習への適応，健康安全，キャリア形成といった事項は，個人としての問題解決や意思決定も伴うものでもあり，実態に即して教師側が意図をもってテーマを設定することも必要だ。内容によっても教師側のかかわり方を工夫する必要がある。適切な活動にしていくために，子どもたちの個々の，あるいは学級集団の実態をふまえて指導内容の「重点化」をはかり，子どもたちが円滑に自主「的」・実践「的」な活動にコミットできるよう，適切な指導・援助の方法を考えた指導計画を作成して臨むことが望まれる。

学級は半ば強制的に組織された集団だが，子どもたちがそこに自分の居場所を見いだし，準拠集団として意識するよう導くことが学級経営の基礎となる。ゆえに，相互交流やふれあいが多く，明るく楽しい居心地のよい雰囲気のある活動にすること，成員各々に出番があり参画意識を持って取り組むことのできる活動にしていくこと，活動の過程で相互作用でもって組織力を高め合えるようにプロセスを大切にして導くこと，といった点に留意したい。学級が好ましい風土を持てるよう活動を工夫し，組織化の支援をしていくことが大切だ。

なお，今次の学習指導要領では，幼児教育の重要性が再認され，「幼児期の終わりまでに育ってほしい姿」の考慮をはじめ，幼児期の学びと育ちの特性を踏まえた教育展開の必要性が強調される。小1プロブレムが課題とされる昨今，円滑な学校生活へ資する活動の工夫とともに，主体的な活動として「遊び」を中心においてなされている幼児教育のよさも視野に入れたい。

b.　児童会活動

児童会活動は，学校生活の充実と向上を目的とし，全校の児童から構成され

表8－3　児童会活動の形態

代表委員会	主に高学年の子どもたちによる組織的な活動。学級や各委員会，また内容によってはクラブ等の代表者が参加して行う。
委員会活動	学校内の仕事で，自分たちのできるものについて，学級の枠を超えて取り組む活動。
児童会集会活動	児童会が主体となって行う集会活動。主に高学年の児童が企画運営にあたって活動を行う全校規模の集会や学年の児童で行われる学年児童集会などがある。

る活動であり，かつ教師の指導の下での自発的・自治的な活動であるという特徴を持つ。高学年が主に運営にあたり，活動の形態は代表委員会，各種委員会活動，児童会集会活動の３つに大別される（表8－3参照）。

❶ 児童会活動の内容と特質

　児童会活動の内容は，全児童をもって組織する児童会において，異年齢の子どもたちが協力して，学校生活の充実と向上を図るための諸問題の解決に向けて取り組むこととされ，大きく分けて，児童会の組織づくりに計画や運営，異年齢集団による交流，学校行事への協力の３つが示されている。

　(a) 異年齢集団での活動

　児童会活動は，楽しい学校生活づくりを異年齢の子どもたちが一緒に協力して行う貴重な機会である。下級生たちは，上級生の言動をモデリングしながら集団としてあるべき行動を学ぶ。また，上級生は，下級生という存在を前にして，それを助け，導くことに喜びを感じ，他者を思いやる気持ちをより強くする。高学年の子どもたちはこうした経験を通じ，リーダーシップを醸成する。このように，学年や学級の違う子どもたちが交流する異年齢集団の活動の中で，社会で生活していくための基礎となる力を培う。

　(b) 学校行事との連関

　児童会活動は，その内容に「学校行事への協力」が挙げられている。学校行事は学校の年間計画において行われるもので，子どもたちの自治的な活動ではない。だが，児童会活動を通じ，行事の一部に子どもたちの発意や発想を取り入れるなどの関与をさせることで，学校行事に対する子どもたちのコミットメントの高まり，より積極的な行事への参加といったものが期待され，児童会活動自体の充実にもつながる。

❷ 児童会活動を進めるために

　活動がなかなか活性にならない場合も少なくない。その原因の一つとして，子どもたちの能力をこえていることがありうる。ある程度の規模の組織を民主的に運営していくことは大人でも難しい。子どもたちの状況や能力を考え，無理のない内容を計画するとともに，自主的，実践的な活動を進めることができるよう，教師からの，放任ではない，「適切な」指導・援助をさしのべたい。

　一方，「適切な」ということでいえば，教師側の指導が強すぎて不活性になる場合も多い。内容が形式的なものになっていたり，また，教師と児童会の役員たちだけのものと見られて参画意識を持ちえないようなものになっていたりすると，活動は盛り上がらない。よりよい児童会活動を進めていくには，自主的，実践的な活動を促進するようにバランスを考えた「適切な」内容の設定，指導・援助が必要だ。児童会の構成や組織などについても，マンネリ化や「こなし」感を超えて，子どもたちの自主的な姿勢を伸長できるように，実情にあわせた「適切な」体制づくりを工夫したい。

　また，学校の実情という点では，もう一つ，地域の特性に合わせて，家庭や地域の人々との連携や社会教育施設等の活用などを行っていくことが大切だ。これが，児童会活動だけでなく，学校全体の活動の向上にもつながる。近隣の幼稚園や保育園等の他の学校園や高齢者施設等の福祉施設等との交流の企画等も，児童会活動を通じて行うことで，子どもたちの意識・関心を高め，より高い効果が期待できる。

c. クラブ活動

　クラブ活動は，中学校や高等学校で課外活動として行われる部活動と混同されやすい。しかし，部活動が優れた技芸を磨く努力に重きをおくのに対し，クラブ活動は，技芸の優劣よりも，個性を発揮しながら仲間たちと協力して興味関心を追求し，楽しく充実した集団活動を行う体験そのものに価値を置く。

❶ クラブ活動の内容と特質

　クラブ活動の内容は，「学年や学級の所属を離れ，主として第4学年以上の同好の児童をもって組織するクラブにおいて，異年齢集団の交流を深め，共通の興味・関心を追求する活動を行うこと」とあり，クラブの組織づくりとクラ

表8－4　クラブ活動の内容

クラブの組織づくりとクラブ活動の計画や運営	教師の適切な指導の下に，所属する子どもたちの話し合いによって，児童が活動計画を立て，役割を分担し，協力して運営に当たる活動。
クラブを楽しむ活動	作成した活動計画に基づいて，異なる学年の児童と協力し，創意工夫を生かしながら共通の興味・関心を追求する活動。
クラブの成果の発表	クラブで活動してきた成果を，学校行事や集会等，また地域の行事等を通じ，全校の児童や地域の人々に発表する活動。

ブ活動の計画や運営，クラブを楽しむ活動，クラブの成果の発表，の3つの活動が示されている（表8－4参照）。

（a）異年齢とともに楽しむ

児童会活動と同じく，学年や学級の枠を超えて構成されるところがクラブ活動の特質の一つである。同好の仲間たちと互いに信頼関係をもって，協力し合って楽しむ，具体的で楽しい活動体験だ。活動を通じて，子どもたちは，下級生への思いやりやルールを学ぶ大切さ，仲間とともに活動する協調行動などを味わい，集団における社会性を体験的に学ぶ。

（b）自発的・自治的な活動を楽しむ

異なる学年や学級の仲間とともに協力して行うことの楽しさだけでなく，自発的に創意工夫を凝らし，計画を立てて取り組むことからくる喜びを感じる活動でもある。自分たちでつくったきまりに従ったり，各々が役割を果たしたりすることで，皆が楽しむ経験となる。さらに，他のクラブや地域と交流し，また，活動の成果を発表することで，満足感や喜びはよりいっそう高まる。

❷ クラブ活動を進めるために

「共通の興味・関心を追求」することを特質とすることからも，どんなクラブを設けるかは，子どもたちの希望を尊重したい。しかし，充実した活動にするには，子どもたちや学校，また関連する地域等の実態に即して設定することも必要だ。また，子どもたちの実施可能なものにすることにも気をつけたい。子どもたちの自治的な運営になるべきではあるが，指導のねらいや制約等の諸条件を明確にしながら，子どもたちの活動をよい方向に導くよう，「適切な」指導・助言が必要である。その際，他の教育活動との連携を図ることはもちろんのこと，地域人材等学校外の資源の活用，家庭など関係各所との協力・協働，またそれらへの配慮も望まれる。

　また，クラブ活動の内容は各教科等の学習と関係することも多い。他の学習活動と相互に関連することは有用であり，指導計画の作成において「各教科，道徳，外国語活動及び総合的学習の時間などの指導との関連を図る」ことも求められている。しかし，それは，教科等の学習の補完としてクラブ活動を行うことを示唆したものではない。クラブ活動の組織に際しては，子どもたちの興味・関心が生かされることを第一義に，「教科的な色彩の濃い活動を行うクラブ活動の組織にならないこと」に気をつけて考えたい。

3 ｜ 学校行事

　学校行事の内容は，「全校又は学年を単位として，学校生活に秩序と変化を与え，学校生活の充実と発展に資する体験的な活動を行うこと」であるとされ，これに即し，取り組むべき内容として儀式的行事，文化的行事，健康安全・体育的行事，遠足・集団宿泊的行事，勤労生産・奉仕的行事の5種が示されている（表8-5参照）。

a. 学校行事の特質

❶ 学校生活における秩序と変化

　本章冒頭にもふれたように，特別活動の中でも学校行事のシーンが思い出として想起されやすい。これは，学校行事が強いインパクトを伴って子どもたちの学校生活の中に織り込まれていることを表している。学習指導要領において「学校生活に秩序と変化を与え」と述べられているように，学校行事は，繰り返し的な感の強い日々の学習や諸活動の中にあって，適度な刺激となって学校生活に潤いをもたらす。また，儀式的行事などの通過儀礼的なものを中心に，日々流れていく学校生活の中に，シンボリックな面も伴いつつ，一定の秩序とリズムをもたらす。計画的な学校行事の実施は，ともすれば単調になりがちな学校生活に対して，「有意義な変化や折り目」をもたらす役目を果たす。

❷ 大きな集団による活動

　学校行事の特質の一つは大きな集団での活動ということだ。特別活動の諸活動は学級や特定の集団によるものがほとんどだが，学校行事は「全校または学

表8－5　各行事の種類・例と学習指導要領に見る特徴

行事の種類と行事例	行事の特徴
儀式的行事 入学式，卒業式，始業式，終業式，朝会，記念式など	学校生活に有意義な変化や折り目を付け，厳粛で清新な気分を味わい，新しい生活の展開への動機付けとなるような活動を行う。
文化的行事 学芸会，学習発表会，作品展示会，音楽会，クラブ発表会，演劇鑑賞会など	平素の学習活動の成果を発表し，自己の向上の意欲をいっそう高めたり，文化や芸術に親しんだりするような活動を行う。
健康安全・体育的行事 健康診断，給食に関する意識を高めるなどの健康に関する行事，交通安全教室，避難訓練，運動会，球技大会など	心身の健全な発達や健康の保持増進，事件や事故，災害等から身を守る安全な行動や規律ある集団行動の体得，運動に親しむ態度の育成，責任感や連帯感の涵養，体力の向上などに資するような活動を行う。
遠足・集団宿泊的行事 遠足，修学旅行，野外活動，集団宿泊活動など	自然の中での集団宿泊活動などの平素と異なる生活環境にあって，見聞を広め，自然や文化などに親しむとともに，よりよい人間関係を築くなどの集団生活の在り方や公衆道徳などについての体験を積むことができるような活動を行う。
勤労生産・奉仕的行事 飼育栽培活動，校内美化活動，地域清掃活動，福祉施設との交流活動など	勤労の尊さや生産の喜びを体得するとともに，ボランティア活動などの社会奉仕の精神を養う体験が得られるような活動を行う。

年を単位」とした活動だ。こうした大きな集団での体験的活動は，幅広い人間関係をはじめ，豊かな社会的な体験をすることにつながり，また，「集団への所属感や連帯感を深め」ることや，「公共の精神」の涵養を促進することにもつながる。また，学校全体の雰囲気にも影響し，よりよい学校風土の醸成の要素となる。

❸ **体験的活動**

　もう一つの特質が体験的な活動であるということだ。体験的な活動は，豊かな人間性，自ら学び考える力などの生きる力の基盤として，また，さまざまな成長・発達に大きく寄与するものとして，随所でその重要性に触れられている。特別活動は「なすことで学ぶ」ことを特徴とするが，学校行事はその中でも中心的な活動だ。ゆえに，遠足・集団宿泊的行事や勤労生産・奉仕的行事にあっても，体験を伴う活動であることが内容において強調される。

❹ **特色ある学校づくりに**

　学校行事の活動計画作成に際しては，教育課程全体とのバランスのほかに各

学校や地域の実態に配慮するよう求められ，各校ごとの創意工夫する裁量の幅が広いことも特徴だ。現代の学校では，教育力の向上や信頼と魅力のある学校の実現に向けて，地域に開かれた特色ある学校づくりの実現が重視されている。学校行事はその性質からその場面でも中心となる教育活動である。地域や保護者のニーズ，児童の実態，教師の教育観などはもとより，学校の伝統や歴史なども考慮に入れた学校行事の実施は，「特色ある学校づくり」へ資すると同時に，学校文化や校風を形成・維持する上での重要な要素となる。

b．学校行事を進めるために

　学校行事の内容は多彩で多様だが，それだけにやりすぎには注意が必要だ。やたら行事が多いと，せっかくの活動がこなし感さえ伴うものとなり，教育的なねらいはぼやけてしまう。学校教育の「多忙」が意識される昨今でもある。教育目標に照らし，より効率よく効果的に，各行事における重点化や統合，連携・連動を図り，バランスを考えた適切な行事の配置を行うよう気をつけたい。

　また，全校のような大きな単位で行う活動ゆえに，計画・内容に通じているのが中心となる学年担当や行事担当といった一部教師のみということも少なくない。行事の目標や指導の重点など，狙いを明確にした上で，教師全員がそれを理解し，計画，内容を十分に共有して指導にあたることが大切だ。

　学校行事は教育課程の中でも貴重な活動である。これを生きたものとするためには，校外の学習資源や環境を生かし，日常の学習では味わえない充実した体験活動を工夫することが肝要だ。加えて，その場限りの体験で終わらないように事前・事後や活動の節目等での学習活動を充実させたい。活動を通して「気付いたことなどを振り返り，まとめたり，発表し合ったりするなどの活動を充実する」ことは，体験活動を単なる「経験」で終わらせず，より豊かで学習効果の高いものにし，また，表現の機会をえて，言語力の育成にもつながる。

4 ｜ 特別活動を生かすために

　特別活動は，いわば「子どもが主役」ともいえる活動だ。ゆえに，他の領域以上に「調整者」としての指導者特性が教師に求められる。他領域と異なる特

別活動の意義の一つは，子どもたちが自主的・実践的な活動の「体験」でえる
ものを内在化させていくことにある。教師は，「教授者」としての特性を発揮
しやすく，子どもたちの活動を教師自身の意図する方向へ「指導」してしまい
がちだが，よりよき「学び」の形にするには，「支援」の姿勢を大切にし，
コーディネーターやファシリテーターとして，時にはインセンティブを創出す
る演技者として振る舞うことも望まれる。

　また，学校外の組織や人員との協働・連携を行う場面が多いのも特別活動の
特徴である。そして，こうした際にはよりいっそう「調整者」としての特性を
求められる。コミュニティ・スクールや地域学校協働活動の場面でも，特別活
動は中心的な存在となる。他の領域と比べると特異な性質を持つ特別活動領域
であるからこそ，教科などの他の領域と内容面における連関を図ることも重要
だ。その点においても，連携や協働を進めていくための力量が求められる。

　「人間関係形成」が，主要な視点の一つとされている特別活動だが，児童同
士の人間関係だけでなく，教師の方も，子どもたちや教職員とはもちろんのこ
と，地域や保護者などとも日常的に関係を紡いでいくことを心がけたい。それ
がよりよい特別活動を実現するためのベースとなる。

参考文献

国立教育政策研究所教育課程研究センター『小学校「指導と評価の一体化」のた
めの学習評価に関する参考資料 特別活動』東洋館出版社，2020 年

新富康央・須田康之・髙旗浩志編著『生きる力を育む特別活動 —— 個が生きる集
団活動を創造する』ミネルヴァ書房，2020 年

日本特別活動学会編『三訂 キーワードで拓く新しい特別活動 平成 29 年版・30 年
版学習指導要領対応』東洋館出版社，2019 年

文部科学省『小学校学習指導要領（平成 29 年）解説 特別活動編』東洋館出版社，
2018 年

文部科学省国立教育政策研究所教育課程研究センター編『みんなで，よりよい学
級・学校生活をつくる特別活動（小学校編）』文溪堂，2019 年

9章

初等教育の学級経営

1 学級の意義

a. 学級とは

　学級は，クラスとか組などとも呼ばれているが，法制上は幼稚園，小学校ともに学級が正式の名称である。いったい学級は，どのような性格や機能を持っているのであろうか。それは，ただ学ぶためだけの単なる子どもの集まりではない。幼稚園や小学校では学級は，主として学習指導，生徒（活）指導を行う場として子どもを公式に組織した集団である。そのため，子どもは共に学び，生活する場としてほとんどの時間を学級で過ごす。

　ところが，近年，学級崩壊，小１プロブレム，いじめや不登校など学級を揺さぶる問題が跡を絶たない。学級が揺らいだり崩れたりしたのでは，子どもは安心して学習することすらできないであろう。どの子どもも喜びや楽しみを感じられず，わたしたちの学級という所属意識も持てず，居場所[1]すら見当たらないような学級では，集合体ではあっても集団とはいえず，レーゾンデートル（存在意義）すら失いかねない。

　そこで，学級担任は一人ひとりの子どもとしっかり向きあって人間関係をつくり深めていく。強い絆で結び信頼関係を築く。これらのことが，学級を単位とした子どもたちのさまざまな活動や学びを，生き生きと充実感・達成感をもってくり広げていく上での前提条件といえよう。このような条件が達成されてはじめて子どもの集合体から学級集団へと発展し，学級という場が子どもたちの幼稚園や小学校での学びや生活の文字どおり基礎単位としての機能を果たすことになる。

　学級は，さらに教育行財政上の基礎単位でもある。幼稚園や小学校の教職員の定数や配置は，それぞれの園や学校における学級数によって決められる（幼稚園設置基準，公立義務教育諸学校の学級編制及び教職員定数の標準に関する法律参照）。

　このようにさまざまな機能を果たしている学級は，いつ頃からどのように編制（以下，慣例により制度的には「編制」，教育的見地からは「編成」を使用）されてきたのであろうか。

b．学級の歴史

　一斉教授につながる学級は，17世紀の中葉にコメニウス（Comenius, J. A. 1592-1670）によって構想されていた。コメニウスは，『大教授学』の中で，教授する者も学習する者も「この上もない楽しさを感じる」ような教授方式として，同一年齢の子どもに同一学級での一斉教授方式を打ち出している[2]。この方式は，19世紀中頃に国民大衆のための近代学校が整備されるにつれて普及していった。イギリスでは産業革命期に，ベル（Bell, A. 1753-1832）やランカスター（Lancaster, J. 1778-1838）が1人の教師が多数の子どもを効率よく教える方式として，助教法（ベル・ランカスター方式あるいはモニトリアル・システム[3]とも呼ばれる）を提唱した。それは，19世紀後半に一時的に普及したが，このシステムでの学級は教育内容の習得レベルで振り分ける（等級制）課程主義を原理としていた。イギリスで今日のような同一年齢で編制する学級が出現するのは，1862年の「改正教育令」によるところが大きい[4]。

　日本でも学級編制は，当初は年齢ではなく学力（学業成績）により区分する等級制を採用していた。これは試験に合格すれば上の級に進級できるという課程主義を原理としていた。このような等級制による課程主義から今日のような年齢主義に学級編制の原理が切り替えられたのは1891（明治24）年発布の文部省令第12号「学級編制等ニ関スル規則ノ事」によってである。そこでは，学級は「一人ノ本科正教員ノ一教室ニ於テ同時ニ教授スヘキ一団ノ児童ヲ指シタルモノ」と規定されていた。ここには，1学級・1教員・1教室という今日の幼稚園・小学校にも通用する学級編制上の一般原則が初めてお目見えしている。ところが，それが実際に広く普及，定着するには国の財政事情もあり20

世紀初頭を待たねばならなかった。

　次に，学級規模について小学校を追ってみると，上述の法令では 1 学級を尋常小学校では 70 人以下，高等小学校では 60 人以下を基準に編制するものとしていた。それは，今日の常識からすれば驚くほど過大な規模を基準としていた。幸いその後は，法改正のたびに学級の人数は減少していった。1941（昭和 16）年の国民学校令施行による同令施行規則では，初等科 60 人以下，高等科 50 人以下とされた。

　第 2 次世界大戦後の 1947（昭和 22）年には学校教育法が制定され，同法施行規則では，小学校は 1 学級 50 人以下が標準とされた。

　ところが，当時の多子化の中で現実には，いたるところで法定の基準を大幅に上回る，いわゆる「すし詰め学級」が出現し，画一的な詰め込み主義をはびこらせるもとにもなった。

　そこで学級規模の適正化を図るために「公立義務教育諸学校の学級編制及び教職員定数の標準に関する法律」（以下，義務標準法と略記）が 1958（昭和 33）年に制定された。同法は，40 人学級を標準とした。ところが，2001（平成 13）年には，上述の義務標準法が改正され，学級編制基準の弾力化が認められた。それにより，都道府県の教育委員会は，特例として 40 人以下の学級編制もできることになった（義務標準法第 3 条第 2 項）。

　その後，令和 3（2021）年には「公立義務教育諸学校の学級編成及び教職員定数の標準に関する法律」が可決（同年 3 月 31 日）施行（同年 4 月 1 日）され，小学校の学級定員は 35 人に減じた。一方，教育効果の上がる学級の最適規模に関する研究は，いまだに結着を見ていないが，近年，学級編制基準については，教員 1 人あたりの児童数を欧米並みの少人数水準にできるだけ近づけようとする動きも見られ，今後の改革，改善が期待されよう。

c. 学級編成の原理

　法制上の学級編制について見てきたので，次に教育的見地から見た学級編成の 3 つの基本的原理に触れよう。

❶ 個性化の原理

　一人ひとりの個性を尊重し，その発展を最大限にするような教育指導上の編

成原理である。学級は同年齢の幼児，児童で編成されているため，ともすると，いわゆる横並び重視の形式的画一化をもたらしやすい。このような傾向を是正し，一人ひとりの個性にそって学習活動を導く場とすることを企図したものである。

❷ 社会化の原理

　生育歴や経験・性格などが異なる幼児，児童が，望ましい社会性を伸長できるように編成することである。その際，今日の望ましい社会像としての民主社会，共生社会といった基本原理に沿った編成が求められよう。

❸ 安定化の原理

　学級は，本来，教師と子どもおよび子どもたち相互の好ましい人間関係を基盤にして成り立つものである。このような見方から，学級を子どもの心も行動も安定し，学級活動が充実するような社会集団として編成することである。

　以上のような基本的原理をふまえ，学級編制の法的基準にしたがって編み出される実際の学級は，一体，どのような方式で教育的に編成されているのであろうか。

d. 学級編成の方式

　学級を編成するにあたっては，幼稚園，小学校とも年齢を基準とした同一年齢による編成で1学級1担任という形が一般的である。これは普通編成（通常学級）と呼ばれ，学級間ではできるだけ等質に編成するが，各学級内では，性別，心身の発達の程度，学力や通学区域等の諸点を総合的に考慮して不等質に編成する方式である。その意味で異質学級とも呼ばれる。

　この普通編成の方式では，同学年のすべての子どもに同一速度で同一教材を学習させる傾向が強まり，子どもの学習の能力や速度などの個人差に対応しにくい。そこで保育年齢別編成，能力別編成，習熟度別編成（ストリーミング〈英〉，トラッキング〈米〉）や異年齢編成，無学年編成などが考案された。1971（昭和46）年の中央教育審議会答申では，習熟度別学級編成が提唱され，その後「21世紀教育新生プラン」（2001〈平成13〉年）の中で「確かな学力」を育成するために習熟度別指導の実施が求められた。この他にも学級や学年の枠を超えて複数の教師を配置するティーム・ティーチング（ティーム保育，以

下TTという）方式が注目されよう。これは同一学年での学級の枠を超える子ども集団を編成し，複数の教師がティームを構成して指導にあたるものである。ちなみに幼稚園では，2001（平成13）年策定の「幼児教育振興プログラム」の中で「ティーム保育の導入」が示され複数担任制が広がっていった。小学校では，いち早く1968（昭和43）年の小学校学習指導要領改訂において「指導の効率を高めるため，教師の特性を生かすと共に，教師の協力的な指導がなされるよう工夫すること」が勧奨されたが見るべき成果を上げることはできなかった。ところが，1993（平成5）年の第6次公立義務教育諸学校教職員配置改善計画でTTを導入する学校に対して教師の優先配置（加配教師の配置）が認められ，TTの実践校は全国に広がっていった。

　さて，これまでさまざまな学級編成の方式について触れてきたが，いずれにせよ，子どもの心にトラウマ（傷跡）を残さないような学級編成が決め手であることに変わりはない。学級は，担任と子ども，子ども同士が出会い，育ちあい，共によりよい方向へと成長していくという教育的に重要な意味をもっている集団だからである。次に，編成した学級をどのように運営していくのかという学級経営のあり方について触れていこう。

2 | 学級経営の意義と方法

a. 学級経営のコンセプト

　学級経営とは，学級の教育目標が最も効率的，効果的に達成されるように人的，物的諸条件を整え，計画的，組織的に活用する営みをいう。その際，ミニマムな条件整備によって子どものマキシマムな成長・発展を達成するところに学級の「経営」としての意味がある。ただし，具体的，日常的には学級経営は，その中心となって進める学級担任が立案する教育計画に基づいて，一人ひとりの子どもの望ましい成長を支援するためにくり広げられる実践と見てよい。このように学級経営とは，子どもたちの人間形成のために必要な学級担任を中心とする教育計画および実践・運営を意味している。

　学級担任は，学級経営にあたってまず，この1年間にどのような子どもに育

てたいか，どんな子どもに育ってほしいのか，というめざす子ども像（幼児像，児童像）をはっきりさせておく。ついで，そのためにはどのような学級が望ましいのかという学級像を立ち上げる。

　こうして立ち上げられた子ども像や学級像は，学級担任が常日頃から意識し，実践に取り組むための指針でもある。それなしには，羅針盤なき無謀な航海に終わりかねないであろう。子ども像，学級像を描く作業に先立って学級担任は，学級の子どもたちの現実の姿（実像）や学級の実態（課題）を的確にとらえておかなければならない。子どもたちの実像，学級の実態と求める子ども像，それらにふさわしい学級像とをすり合わせていく作業が，学級経営の計画立案の具体的な内容の設定とその焦点化にとって，きわめて大切だからである。

　めざす子ども像，学級像，具体的な学級経営目標が定まってくると，学級担任は学級経営案（学級経営計画ともいう）の作成に取りかかる[6]。学級経営案を作成するにあたっては，学級担任は目標達成のための具体的な方策を打ち出す。それには学級の子どもの実態をふまえて目標達成にはどのような方法（手順，期日等を含む）があるのか，さらには１年間でめざす子ども像にまでどのように育つのか，それにふさわしい学級づくりはどのように進むのかを見極めて計画を立てることが肝要である。

　こうして学級経営案が作成されると，それを活用して学級の子どもたちをめざす子ども像にまで育てるための取り組みが必要となる。そのためには学級経営案をさらに月案，週案にまで具体化して，それを計画（Plan），実践（Do），評価（Check），改善（Action）（以下 PDCA と略記する）というマネジメントサイクルで実践する。このサイクルは目標達成に向けてらせん状に上昇していくことを意識し，その過程で適宜改善を加えながら学級経営の充実を図っていく。なにしろ子どもたちは日々成長し，変化していくので，その実態をとらえながらの修正・改善を図る作業が欠かせない。これは，一般の企業経営で目標管理（management by objectives）と呼ばれている手法に通じるものではあるが，学級経営は企業経営とは本質的に異なり，教育による子どもの発達の援助や発展が主眼である。したがって，学級経営を進める際に学年の子どもの発達性を考慮した取り組みが求められよう。ちなみに，幼児期から学童期への過渡期にあって自己中心的な行動に走りやすい小学校低学年の子どもたち，

「ギャング・エイジ」といわれる仲間関係が生まれる中学年，多様な他者とかかわってリーダーシップを発揮できるようになる高学年など，それぞれの学年の発達性や発達課題に配慮しながら対応していかなければならない。

b. 学級経営の領域とカリキュラム経営

　学級経営の事項は，学級経営案の作成，学級指導と学級活動，学級集団づくり，教室環境の構成，保護者や地域住民との連携・協力，学級事務の諸活動，学級経営の評価と改善など多種多様である。しかし，それらは大きく，学級におけるカリキュラム経営，学級集団の経営，教室環境の経営，学級の基盤経営の４つに分けられよう。以下，それぞれの領域について見ていこう。

❶ 学級におけるカリキュラム経営

　幼稚園のカリキュラムは，健康，人間関係，環境，言葉，表現の５つの領域で設定されている。一方，小学校のカリキュラムは，各教科，道徳，外国語活動，総合的な学習の時間および特別活動で編成されている。これらの領域や教科および教科外活動は，当然のことながらそれぞれの目標やねらい，教育内容，方法などが一様ではない。それに子ども一人ひとりの学力や成功，つまづきなどの実態もさまざまである。これらの多様な状況を的確にとらえて計画的に教育活動をくり広げ，教育成果を上げていくには，カリキュラム経営（カリキュラム・マネジメント）の力量が強く求められよう。もちろん，幼稚園や小学校のカリキュラムは国が定めたカリキュラムの大綱（一般に，基準カリキュラムと呼称）である学習指導要領に基づいて編成される。ところが，それを実際にそれぞれの学級によく合った実践カリキュラムに仕立て上げ，しかも学級の実態に応じて一人ひとりの子どもに合ったカリキュラムとして効果的に展開するには，学級担任はカリキュラム経営力を強く発揮しなければならない。

　カリキュラム・マネジメントとは，教育の目標を実現するためのカリキュラム，つまり学習指導要領の内容を具体的に子どもの活動へと展開，学習させるためにカリキュラムの編成・実施・評価・改善という一連のマネジメントサイクルにカリキュラムを乗せて，組織内外の諸資源（人的，物的）を活用し，一定の成果を生み出す営みである[7]。したがって学級担任は，計画・実施・評価・改善を記入するカリキュラム経営の週案を作成し，それをふまえて日々の

教育活動を意図的，計画的に進めるとともに評価，改善を行うことが重要となる。

❷ 学級集団の経営

学級集団の経営は，子どもたちの望ましいまとまりを作り上げる営みで，学級づくりともいわれる。学級づくりの基本は，子どもたち相互の好ましい人間関係を育て，子どもたちと教師との信頼関係を築き，子どもたちが互いに持ち味を認め合い，高め合う心の通う温かい雰囲気をつくり出す学級（教室）にすることである。そのためにも学級集団を構成する子ども一人ひとりが，お互いに人間的な出会い，ふれあい，分かちあいの体験をできるだけ多く積み重ねて人間関係を豊かにし，深め，のびのびと楽しく学び，生活できるような場づくりを進めていく。それはやがて子どもたちが何事にも互いに支えあう支持的風土を持った学級集団に発展するであろう。そうなれば学級集団の凝集力が高まり，安定したまとまりのある学級，つまり準拠集団（自分がその成員になりたいと望む集団）[8]につながっていくであろう。

しかし，このような集団づくりを一気呵成に筋書きどおり進めるのは容易ではない。特に今日では子どもの意識や行動も多様化し，自己中心の行動に走る王子様・王女様さえ出現する中で，学級づくりも一筋縄ではいかなくなってきている。

そこで，学級集団にもルール（規律・規範・秩序）があることを共通理解し，それをふまえた行動様式が学級集団に根づくような取り組みが欠かせない。学級の誰もが学級集団のルールを守って行動しなければ学級集団は崩壊を免れえないであろう。したがって，今日の学級では子どもたち誰もがルールを守って行動し，しかものびのびと気持ちよく生活し学べるような安定した学級集団づくりが先決事項といえよう。このような事項の達成は必ずや学級集団の凝集力の充実と連動するに違いない。

しかし，凝集力の高い学級づくりだけでは十分とはいえないであろう。それは学級集団の維持（メンテナンス）の方向へは効力を発揮するが，学級目標の達成というパフォーマンスの方向への機能は不十分だからである。つまり，いかにまとまりのある学級集団にするかという課題にとどまるのではなく，いかなる目標の達成をねらって学級集団づくりをするのか，そのために学級の誰も

が皆のために自分の役割をしっかり果たそうとする役割取得能力[9]をいかに高めるかが問われなければならない。

学級づくりは，単なる仲よし集団づくりにとどまってはならない。仲よし集団の上に学習集団をいかに築くかが課題なのである。集団の発展にもレベルがあり，最高のレベルは知的探求のモラール（士気）の高い学級づくりという最終ゴールの達成である。

❸ 教室環境の経営

教室は，机・椅子・壁などのハード面と教師と子どもが共につくり出す文化などのソフト面から成り立っている。とくにソフト面の教室環境づくりには教師と子ども全員が主人公となって参加し，協力・協働してよりよい教室環境をつくり出すことが大切である。なにしろ教室は子どもたちの普段の生活を映しだすいわば鏡のような働きをしているのだから。そのため子どもたちは毎日のように鏡とかかわって知らず知らずのうちに教室の影響を受けて成長していく。

子どもたちが生みだした作品の掲示，日々飼育・栽培している動植物，先生や友だちとの交流の輪が醸しだす教室の雰囲気など，どれ一つをとってみても子どもたちに知的，情緒的な刺激を与えないものはない。

教室環境は，正規のカリキュラムにしたがって行われる授業と同様に「隠れた（潜在的）カリキュラム」（hidden curriculum）として子どもたちを育てる大きな働きをしている。その意味でも子どもたちが，安全かつ健康で安心し明るい気持ちで，より知的，情緒的な刺激を受けて積極的に学び，活動していけるような学習コミュニティ（Learning Community）[10]づくりをしていくことが教室環境経営（整備）のねらいどころといってよい。

このようなねらいを達成するために教室環境の経営上留意すべき点として次の7点を挙げておきたい。

(a) 教室内の照明や通風・机・椅子等の物的な施設・設備を整え，それらが子どもたちにとって安全（危機管理的）で，健康を保つ（衛生的）ものであるよう絶えず気を配る。

(b) 学級に子どもの好きなスポーツ用具を整備しておき，子どもたちが携帯性ゲームから脱却し，存分にスポーツを楽しみ，のびのびと活動的

になれるようにする。

(c) 生き物係（飼育係・栽培係）を中心に誰もが何らかの役割を担い，飼育や栽培の責任を継続的に果たしていくようにする。それによって自然や動植物への関心を高め，それらを愛護し生命を尊ぶ心が培われよう。

(d) 掲示物や展示物によって子どもたちがお互いに思いや考え，製作方法を知って（知的な刺激を受け）新たな創作意欲が掻き立てられ，夢や希望で楽しくなるような教室の文化的環境の整備に努める。それらの中には子どもたちが協力，協同してつくり出す学級の歌や新聞などを含めるのが望ましい。

(e) 教室環境をデザインするにあたっては，発達段階に応じて子どもたちの参画をうながす。自分たちでデザインしたことを実践していけば，その教育的な意義についての理解が深まり，教室環境は質的に向上していくであろう。たとえば，清掃活動を共同でデザインし，その実践による教室環境の美化が，子どもたち一人ひとりの心の美化にも通じるというふうに清掃の意義について考え，実践により美化を実感させることも一案である。これこそが「自分磨きの場」[11] を自主的につくり出すことにも通じるであろう。

(f) メディアやゲームなどの悪影響を受けやすい今日の学級では，子どもたちの適切なコミュニケーション能力を養う上で言語環境の整備は欠かせない。それには授業中の話し方，メールの仕方など，ふだんの言語活動について話し合いでルールを作り，誰もが安心して話せる環境づくりを進めていく。その際，子どもたちがお互いの違いのよさに気づき，違っていることの価値を互いに認め合うような言語環境づくりを心がければ明るいコミュニケーションの行き交う学級になるであろう。

(g) 子どもたちが自治的に運営できる学級文庫を整備し，手を伸ばせば届く身近なところにさまざまな本があり，いつでもどこからでも何からでも気楽に本に親しめるようにする。このような学級文庫の魅力は携帯づけの子どもの心の窓を広く世界に開き，夢や希望，探検や冒険に駆り立てよう。

　教室環境の経営上の留意点は，以上の 7 点に限られるものではない。教室環境づくりのねらい次第で留意点は変わる性質のものだからである。しかし，いずれにせよ，教室経営，ひいては教室環境の経営は，学級担任の方針と合致しているのが望ましい。

❹ 学級の基盤経営

　学級における条件整備の中の基盤経営としては，大きく（a）学級経営上の事務処理と（b）学級経営に関しての保護者・地域との連携，（c）学級経営目標の設定，学級経営案の作成などがある。この中で（c）についてはすでに触れているので，ここでは（a）と（b）について述べよう。（a）の学級事務としては，出席簿による出欠管理，通知表の作成，学級費などの会計処理などがある。一方，後者の保護者・地域との連携としては，①学級だよりの発行，②連絡帳や電話・スマホなどによる連絡，③家庭訪問，④保護者会，⑤学級懇談会，⑥個人面談，⑦授業参観，⑧PTA 活動などを通して家庭や地域とのコミュニケーションを深めていく取り組みが挙げられよう。これについてもう一歩踏み込むと，学級担任にとって大切なことは，日頃から保護者と適宜コミュニケーションをとって人間関係，ひいては信頼関係を築くことである。学級懇談会や学級だよりなどにより学級担任は，できるだけ直接，保護者に語りかけ，学級での子どもたちの様子についてはいうまでもなく，自分の学級経営の方針や運営の状況を伝えて，理解と協力を得るように努めるのが望ましい。このような努力は，やがて保護者の心に響き，子どもの心の安定につながるであろう。そうなれば学級担任と保護者や子ども相互間の信頼関係も確かなものになっていく。

　こうして学級担任と保護者，子ども間の相互理解が進むと，子どもをめぐる問題の解決に保護者と力を合わせて対応でき，それは子どもを育てるための相乗効果となって教育効果は高まるであろう。この点に学級担任と保護者，家庭との連携の基本的意義があると見てよい。

　今日では，すでに多くの学級担任が学級懇談会，個人面談，学級だより，連絡帳などによって学級の状況や指導の様子を伝えている。これをさらに徹底させるためには，保護者が現在何を期待し，何を気にかけているのか，どのような情報ニーズがあるのかを学級担任は的確に見抜いて，それに誠意を持って応

138

えていく。それには，学級担任や学校は日頃からこまめに情報を発信し，情報の公開を進めるのが望ましい。それによって保護者の不安や心配を払拭できれば，学級担任や学校への信頼感も深まるであろう。そのための今日的ツールがICT（Information and Communication Technology）である。

ICT を活用した学級と保護者との常日頃のコミュニケーションによる連携が進めば，学級は自ずからより開かれていき，それは学級経営についての透明性（可視化）やアカウンタビリティ（説明責任）への一般の要望にも直ちに応えることにつながるであろう。すでに各地で学級経営の可視化にもつながるゲスト・ティーチャー，ボランティア・ティーチャー，コミュニティ・ティーチャーなどと呼ばれる専任の教師以外の一般社会人が授業などにかかわっている。いわゆるサポーターやファシリテーター（促進者。地域のリソースなどを活用して相互の学び合いを促進する役割を果たす指導者）など学校・学級内外の人材活用という「ネットワーク型の学級マネジメント」[12] は企業のナレッジ・マネジメント（知識経営。組織内で各成員の知識を共有・活用・創造しようという経営手法）に通じ，それによって学級経営は新しい活力を創出できよう。

3 | 学年経営

a. 学年経営と学級経営

学年経営とは，学年主任を中心に同一学年の教師集団が協力して学年経営の目標を効果的に達成するための組織的な営みである。学校は，組織的には学年により構成され，学年は学級により構成されていると見てよい。このため学年経営は，複数の学級を学年で束ねて営まれ，ともすると，学校経営と学級経営との間を架橋し，連絡・伝達する役割にとどまりがちであった。その上，学級は原則的に同年齢の児童で編成され，同一の教育課程を履修していくようになっているので，学級ごとにその成果に差が生じないよう学級間の連絡・調整を図ることが必要となり，学年経営が連絡・伝達・調整の機能を果たしてきたわけである。ところが今日では，このような受け身的な役割を脱却して，能動

的，創造的（開発的）な役割を推進していくことが学年経営に強く求められている。

　かつて，1960年代以降の工業化，都市化の過程では，学校の規模拡大や統廃合により学級数が増加し，それらを調整して学年経営を進めざるをえない状況が見られた。

　ところが，今日では少子化により学校も学級の規模も縮小の傾向にあるものの，学級でのシリアスな課題は依然として未解決のものが少なくない。特に近年，学級崩壊，いじめ問題など学級担任が独力ではとうてい対応しきれない課題が浮上し，学年の協力体制が不可欠となり，学年経営の積極的な推進が求められている。こうした中で学年主任は，どのような役割が期待されているのであろうか。

b. 学年主任の役割

　学年主任は，「校長の監督を受け，当該学年の教育活動に関する事項について連絡調整及び指導，助言に当たる」（学校教育法施行規則第22条，第44条3の第4項）。学年主任の職務内容としては，校長の監督を受け，学年の経営方針の設定，学年行事の計画・実施など当該学年の教育活動に関する事項について，当該学年の学級担任および他の学年主任，教務主任，生徒指導主事などとの連絡調整にあたるとともに，当該学年の学級担任に対する指導，助言にあたること（学校教育法施行規則通達）とされている。

　以上のような職務内容から学年主任は単なる「連絡，調整」だけでなく「指導，助言」の主要な役割が期待されていると見てよい。学年主任は，学校経営の方針を受けて，当該学年の具体的な学年経営の目標を設定する。それが効果的に達成されるよう同学年内はいうまでもなく，他の学年などとも連絡調整を図りながら学級担任を指導，助言していく中心的な役割を担っていることがうかがわれよう。

　学年経営の機能内容としては，学年目標の設定，学年経営計画の作成，学年会の運営，学年行事の企画と実施，学年事務の分担と協力，学年経営の評価，さらには教科指導，生徒（活）指導，学習・生活環境の整備，家庭・地域との連携，学年内研修など多岐にわたっている。これらの諸事項について指導方針

を定めて，実施，運営し PDCA のサイクルに乗せて最終的には学年経営の評価，改善を図っていく。その際に中心となってリーダーシップを発揮するよう期待されているのが学年主任に他ならない。

　さて，これまで見てきたように学級経営は，「学級王国」に表徴されるような一学級で完結する営みではない。急変する社会での学級経営は，絶えず浮上する課題へのダイナミックな挑戦と発展が求められる。それゆえに，子どものマキシマムな発達・発展のためには，学級担任は学年主任の指導・助言を得て，絶えず学級経営力に磨きをかけ，学級およびそれをとりまく諸々の組織や情報などの総力を挙げての対応が望まれよう。

引用・参考文献

1）高旗正人編『学級経営 —— 重要用語 300 の基礎知識』明治図書出版，2000 年
2）井ノ口淳三『コメニウス教育学の研究』ミネルヴァ書房，1998 年
3）柳治男『〈学級〉の歴史学 —— 自明視された空間を疑う』講談社，2005 年
4）同上書
5）窪田真二監修『教育課題便覧 平成 22 年版』学陽書房，2009 年
6）真砂野裕他『二年生いきいき学級経営』小学館，2013 年
7）中留武昭・田村知子『カリキュラムマネジメントが学校を変える』学事出版，2004 年
8）高旗正人編　前掲書
9）若菜秀彦『学級づくりがわかる本』明石書店，2006 年
10）Barden, P., *Classroom Management*. Wiley, 2005.
11）長瀬拓也『ゼロから学べる学級経営 —— 若い教師のためのクラスづくり入門』明治図書出版，2014 年
12）高階玲治「関係教職員との連携」学校教育研究所編『学級経営の現代的課題』学校図書，2004 年

その他の参考文献

『教職研修』教育開発研究所，2010 年 6 月

10章

初等教育の経営

1 | 初等教育の学校経営

a. 学校経営の意義と目的

　初等教育においては基本的に学級担任制がとられており，専科教員が特定の科目を担当する以外，すべて担任によって教科指導が行われてきた。このような指導体制が個業（＝教員の自由裁量と責任によって自己完結的に職務が遂行されること）を常態化させ，近年の急激な社会変化がもたらす新しい教育課題に対応できない状況を生み出してきた。もはや一人の教員では解決しきれない多様で複雑な問題が学校内で顕在化してきたのである。

　たとえば，「いじめ防止対策推進法」（2013年）を参照すると，いじめは児童等の「教育を受ける権利を著しく侵害」すること，「心身の健全な成長及び人格の形成に重大な影響を与える」こと，「生命又は身体に重大な危険を生じさせるおそれがある」ことから，いじめの防止・いじめの早期発見防止・いじめへの対処等への対策を求めている。しかしながら，陰湿ないじめは特に教職員や保護者の目につきにくいところで発生しており，インターネット上の匿名での誹謗中傷に至っては学校の取組だけでは解決できないところまできている。そう考えると，学校を経営するとは関係諸機関との連携・協力をも視野に入れることが必要不可欠になっている。

　別の例として，学校管理下における重大事故（文部科学省安全教育サイト：https://anzenkyouiku.mext.go.jp/index.html）を参照すると，校外学習や体育授業，部活動等における熱中症の事故が散見される。「熱中症警戒アラート」（環境省・気象庁）や「熱中症への対応」（日本スポーツ振興センター「スポー

ツ事故対応ハンドブック」）などの情報提供はなされているが，常日頃から学校が組織的に備えをしておかなければ突発的に起きる事態に的確な対応は取れない。教育委員会からの指示を待つ姿勢から脱却し，熱中症指数計（WBGT）等の設置により，科学的な知見をもとに学校が自律的に熱中症対策を取れるよう意識改革が求められている。

　上記2つの例にとどまらず，学校を取り巻く環境は様変わりしている。登下校を含む児童の安全・安心に関わるさまざまな対応が社会から迫られていると言ってよい。加えて，現行の学習指導要領の目標に「よりよい学校教育を通してよりよい社会を創る」ことや「地域とともにある学校づくり」等が掲げられ，それらの実現を「社会に開かれた教育課程」により達成しようとしている。このように学校の目的や使命が拡大する中で，学校経営の質をますます高めていかなければならない。

b. 学校経営改革の方向性

　2023年現在，漸次進められている学校経営改革については，「今後の地方行政の在り方について」（1998年中央教育審議会答申）においてその方向性が定められたと言ってよい。大原則として，公立学校は地域の教育機関として，家庭や地域の要請に応じ，できる限り各学校の判断によって自主的・自律的に特色ある学校教育活動を展開できるように，以下の5点が示された。

❶ 教育委員会と学校の関係の見直しと学校裁量権限の拡大

　教育委員会は学校の管理権者であり，法令の規定に基づく指示・命令と法律上の強制力のない指導・助言を行っている。前者は学校における適正な事務処理の確保を図るために行われ，後者は教育内容・方法等に関する専門的事項について学校の教育活動を支援する仕組みとなっている。特に後者について，指導・助言を受けた学校側が，その内容を当該地域・学校の実態に合わせて総合的に精査・判断し，教育活動に反映させることが求められた。それに伴う責任は校長が負うべきものとし，校長へ権限と責任が委譲される方向性が明示された。

❷ 校長・教頭への適材の確保と教職員の資質向上

　個性や特色ある教育活動の展開のためには，校長およびそれを補佐する教頭

（後に副校長を含むこととなる）に適格な人材を充てることが重要である。また，校長には自らの教育理念に基づいたリーダーシップを発揮することが求められ，その実行を通して教職員の意欲を引き出し，関係機関等との連携・協力を適切に行い，組織的，機動的な学校運営を行うことが求められた。教職員一人一人が，学校の教育方針やその目標を十分に理解して，それぞれの専門性を最大限に発揮するとともに一致協力して学校運営に積極的に参加していくことがあるべき姿として描かれたのである。

❸ 学校経営組織の見直し

学校は，それぞれが個性や特色ある教育活動を展開するために，校長を中心とした全教職員が主体性を持って学校運営に参画することが重要である。学校運営が校長の教育方針の下に円滑かつ機動的に行われるためには，校務分掌，各種の会議，委員会など校内組織およびその運営のあり方について見直しを図ることが必要であるとした。その背景には，多様化・複雑化する教育課題の存在もあり，学校運営にかかる責任の所在を可視化させ，家庭や地域社会との連携を強化することで，さらなる学校改善を図ろうというねらいがあった。

❹ 学校の事務・業務の効率化

学校裁量権限の拡大は，すなわち学校の責任において判断し対応する事務・業務が増加することでもある。他方で，教育の質向上のために，校長や教職員が子どもと向き合う時間も確保しなければならない。相矛盾する両者を両立させるために，地域の活力の学校教育への導入・活用，文書類の電子化や関係機関のネットワーク化，教育委員会と学校の役割分担の見直し等，さらなる合理化・効率化が図られなくてはならない。学校事務の共同センター化についてはこの答申において言及された。

❺ 地域住民の学校経営への参画

学校と家庭や地域が連携・協力して教育活動を展開することが，子どもの健やかな成長を図る上で重要である。学校が保護者や地域住民の意向を把握し，学校教育目標や教育活動に反映させることで，家庭や地域からの厚い信頼が得られるのである。そのためには，学校運営の状況等を定期的に地域に周知するとともに，幅広く意見を聞き，必要に応じて助言を求めることも必要である。学校評議員による学校評価についての方向性はこの答申で示された。

2 ｜ 初等教育の学校組織とその運営

a. 学校運営体制の確立

　学校経営改革を断行するためには，学校運営が組織的に機能することが重要であり，そのための体制の見直しが不可欠であった。2007年の学校教育法の改正により，学校における組織運営体制や指導体制の確立に向けた整備が図られた。

　小学校には「校長，教頭，教諭，養護教諭及び事務職員を置かなければならない」（学校教育法第37条1）に加え，「副校長，主幹教諭，指導教諭その他必要な職員を置くことができる」（同法第37条2）と定められた。同法の規定では，上位の職を置くことで下位の職を代替することができるようになっており，職階を明確にすることで組織としての機能を強化しようとしていることがわかる。それぞれの職務内容は以下のとおりである。

　校長は「校務をつかさどり，所属職員を監督」（学校教育法第37条4）し，学校の経営にかかる一切の教育，事務を掌握し，遂行していく責任者であり，教職員すべてに対してその監督の責を負っている。

　副校長は「校長を助け，命を受けて校務をつかさどる」（同法第37条5）と規定されており，校長の補佐役の意味合いが強くなっている。「校長に事故があるときはその職務を代理し，校長が欠けたときはその職務を行う。この場合において，副校長が二人以上あるときは，あらかじめ校長が定めた順序で，校長の職務を代理し，又は行う」（同法第37条6）とされる。

　教頭は「校長（副校長を置く小学校にあっては，校長及び副校長）を助け，校務を整理し，及び必要に応じて児童の教育をつかさどる」（同法第37条7）ことがその職務である。校長及び副校長に事故があるときの対応は，副校長のそれに準じている。（同法第37条8）教頭は，学校経営のいわば調整役であり，また校長のリーダーシップを補う職務である。

　主幹教諭は，「校長等を助け，命を受けて校務の一部を整理するとともに，児童の教育等をつかさどる」（同法第37条9）とされ，教頭に比べて，現場に

おける教育実践にもより直接的にかかわりながら，学校経営の幹部組織の一部を担うことになる。以上，2つの職において，校長の「命を受けて」，とあくまで校長のリーダーシップのもとにあることが強調されており，校長のリーダーシップの強化という施策動向に沿ったものになっている。

　指導教諭は，「児童の教育をつかさどるとともに，他の教諭等に対して，教育指導の改善・充実のために必要な指導・助言を行う」（同法第37条10）こととされ，同僚や後進の専門職的成長をうながすメンターとして位置づけられている。このことは教師が採用時に完成された専門家ではなく，キャリアの中で成長していく存在であるという認識をさらに明確に打ち出したものである。

　また，小学校には教務主任及び学年主任が置かれ，指導教諭または教諭をもってこれに充てられることとなり（主幹教諭が兼ねる場合，その他特別の事情をあるときを除く），同様に保健主事が置かれ，指導教諭，教諭又は養護教諭をもってこれに充てられた。いずれも，校長の監督を受け，それぞれの事項の連絡調整及び指導助言に当たることとなった。加えて，「置くことができる」職として，研修主事，事務主任のほか，必要に応じて校務を分担する主任等を置くことができるとされた。これらの改正の目的は「調和のとれた学校運営が行われるためにふさわしい校務分掌の仕組みを整える」ことにあった。

b.　学校組織の運営

　学校経営改革は，地方分権，規制緩和，情報公開，住民参加等の学校を取り巻く環境の変化（外的要因）に大きく影響を受けていると言ってよい。また学校が抱える教育課題が多様化・複雑化し，社会の実態を色濃く反映する新たな課題も発現するなど，学校は日々の対応に追われているというのが現実である。それらの課題への準備を怠らず，丁寧に対応することはもとより，スピード感を持って解決を目指す俊敏な判断と行動も求められている。このような中で，校長は学校の組織力を高め，教職員や学校内外の教育資源を有効に活用しながら，学校経営をすることが重要である。

　校長がリーダーシップを発揮して，自主的・自律的で特色のある教育活動を行おうとすれば，学校の組織運営の見直しが避けては通れない。たとえば，「新しい時代の義務教育を創造する」（中央教育審議会答申2005年）において

は，学校（校長）の権限と責任が取り上げられ，人事，学級編成，予算，教育内容等に関して校長の裁量権限を拡大することが重要だとした。また，学校を機動的に運営できるよう，引き続き教頭の複数配置の推進や，主任制，主幹制による組織体制の確立が求められた。

　学校の意思決定については，校長の権限と責任において決定すべき事項と，職員会議等を有効に活用することがふさわしい事項との明確な区別が求められた。職員会議とは校長の補助機関または諮問機関としての性格を有し，「校長の職務の円滑な執行に資するため」（学校教育法施行規則48条1）に置かれるものであり，「校長が主宰する」ことになっている。一方，意思決定の過程で個々の教員の経験や専門性が反映されることにより，職務への意欲（モラール）や倫理意識（モラル）が高まることも事実である。職員会議等の適正な活用によって，学校の意思決定が，校長のリーダーシップの下に，高い透明性を確保し，公平・公正に行われることが望まれる。

3 ｜ 学校経営改革を軸とした学校の組織力強化

　中央教育審議会は，2015年12月に同時に3つの答申を行った。①「チームとしての学校の在り方と今後の改善方策について」，②「これからの学校教育を担う教員の資質能力の向上について」，③「新しい時代の教育や地方創生の実現に向けた学校と地域の連携・協働の在り方と今後の推進方策について」である。これらをもとに，翌年「次世代の学校・地域」創生プランが文部科学大臣より発出された。同プラン策定の趣旨としては，一億総活躍社会の実現と地方創生の推進のため，学校と地域とが一体となって地方創生に取り組むことがあった。学校・地域それぞれの視点から「次世代の学校・地域」の一体的・体系的な取り組みを進め，特に「社会に開かれた教育課程」の実現や「地域とともにある学校」への転換が強調された。

　❶「チームとしての学校の在り方と今後の改善方策について」

　学校教育改革の原理として「社会に開かれた教育課程」や「地域とともにある学校」が据えられた。第一義的には，教育活動の質的向上であり，児童の成長・発達の過程において，教員のみならず多様な価値観や経験を有する大人と

接したり，議論したりすることで，本当の意味での「生きる力」の育成につながるとした。加えて，学校の抱える課題（いじめ・不登校・児童の貧困・発達障害等）が複雑化・多様化する中で，教員以外の専門性（特に心理や福祉等）を有する専門人材・機関との連携・協働の必要性が述べられた。学校組織の認識が拡大された結果，そのマネジメントにも大きな転換が迫られることになる。学校のマネジメント機能の強化に向けては，校長のリーダーシップ機能を拡充し，優秀な管理職を確保するための取り組み，主幹教諭の配置促進，事務機能の強化等を通して，学校の組織体制を強化する方向性が打ち出された。

❷「これからの学校教育を担う教員の資質能力の向上について」

これはタイトルの通り，教員の資質向上を図る教員改革として位置づけられる。教育課程の改善や向上が求められる中で，学びの専門家としての教員はあらゆる機会を通じて自身の資質・能力を高めていかなければならない。主体的・対話的で深い学び（当初はアクティブ・ラーニング）の浸透，ICT を活用した授業改善，特別の教科道徳の導入（小学校で 2018 年度より），外国語及び外国語活動の拡充（前者は小学校高学年，後者は小学校中学年を対象に 2020 年度より），特別支援教育の充実等，新しい時代に対応した教員の資質能力が求められることとなる。それを計画的かつ確実に達成するために，各都道府県の教育委員会においては，各地域の実情に応じて教員育成指標を定め，教員研修を実施することが求められた。

❸「新しい時代の教育や地方創生の実現に向けた学校と地域の連携・協働の在り方と今後の推進方策について」

これからの学校と地域の目指すべき連携・協働の方向性を，「地域とともにある学校への転換」「子供も大人も学び合い育ちあう教育体制の構築」「学校を核とした地域づくりの推進」の 3 本柱として示した。そのための組織体制としてコミュニティ・スクール（学校運営協議会が設置された学校）を中核に位置づけ，特色ある学校づくりに向けて，学校と地域住民等が対等に協議しながら総合的な企画・立案を行う役割を鮮明にした。また，そこで意思決定されたことを実現するには，地域の豊富な教育資源を有効に活用することが重要である。そこで，地域学校協働本部（地域で社会教育活動を実践している人々の緩やかなネットワーク）の存在にも注目し，共通の目的を達成するために，学校運営

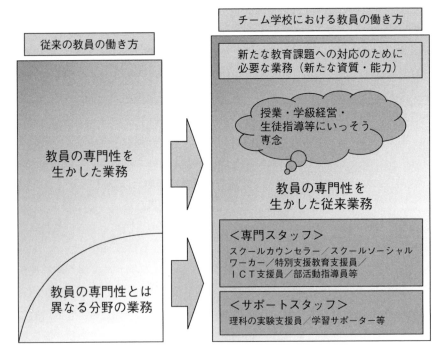

従来の教員の働き方

教員の専門性を
生かした業務

教員の専門性とは
異なる分野の業務

チーム学校における教員の働き方

新たな教育課題への対応のために
必要な業務（新たな資質・能力）

授業・学級経営・
生徒指導等にいっそう
専念

教員の専門性を
生かした従来業務

＜専門スタッフ＞
スクールカウンセラー／スクールソーシャル
ワーカー／特別支援教育支援員／
ＩＣＴ支援員／部活動指導員等

＜サポートスタッフ＞
理科の実験支援員／学習サポーター等

図 10 - 1　多様な専門人材が支える学校のイメージ[1]

協議会と相互に補完し高め合い，両輪として相乗効果を発揮することが強調された。

　これら 3 答申を受けて，2017 年 4 月には関連法が改正された。①に関連して，学校教育法施行規則に新たに部活動指導員が定められた（第 78 条 2）が，かねてより配置されているスクールカウンセラーやスクールソーシャルワーカー，特別支援教育支援員，教員業務支援員等（第 65 条）も併せて，学校経営の観点から効果的な活用が意識づけされた（図 10 - 1）。②に関連して，教育公務員特例法に教員育成指標の策定に関することとそれを踏まえた教員研修計画を定めることが規定された（第 22 条）。また十年経験者研修を中堅教諭等資質向上研修に改めることで，実施時期の弾力化とミドルリーダーとしての資質向上

の実質化を図ることが企図された（第 24 条）。③に関連して，地方教育行政の組織及び運営に関する法律に，教育委員会が各学校に学校運営協議会を設置することが努力義務とされた（第 47 条 5）。その背景には，地域とともにある学校と学校を核とした地域づくりの実現があった。

4 ｜ 校長のリーダーシップ

a. 学校経営と校長

　校長のリーダーシップを考えるにあたり指針となるものが「公立の小学校等の校長及び教員としての資質の向上に関する指針の策定に関する指針」（文部科学省，令和 4 年 8 月改正）である。この指針では，校長に求められる基本的な役割を，「学校経営方針の提示」「組織づくり」「学校外とのコミュニケーション」の 3 つに大別している。これらの基本的な役割を果たすための資質として，かねてより，的確な判断力，決断力，交渉力，危機管理等のマネジメント能力等が挙げられていたが，さらにこれからの時代においては「様々なデータや学校が置かれた内外環境に関する情報について収集・整理・分析し共有すること（アセスメント）や，学校内外の関係者の相互作用により学校の 教育力を最大化していくこと（ファシリテーション）」が求められるとされている。

　また，校長の資質向上に向けた指標の策定について，留意すべき事柄を 2 つの成長段階（契機）において示している。一つは校長の採用段階であり，もう一つは現職教員の教職大学院派遣時である。前者は，一般的に面接等を含む選考試験が実施されているところであるが，選考において求める能力と校長の指標との関係についてあらかじめ整理し，整合性の確保にも留意するよう求めている。後者は，将来の学校管理職（あるいは地域のスクールリーダー）候補者を教職大学院に派遣している教育委員会においては，当該地域の計画的な人材育成の観点から，校長の指標の策定・変更に際しては教職大学院との緊密な意思疎通や連携・協働への配慮をうながしている。

b. 校長の専門職基準

このような流れに先行する形で，日本教育経営学会が校長職について詳細な検討を進め，2009年に初めて「校長の専門職基準」を提案し，教育界や学会等の反応を踏まえつつ改定を加え2015年には『次世代スクールリーダーのための「校長の専門職基準」』（以下，「基準」）を提案した。ここでは，この「基準」に依拠しながら，校長のリーダーシップのあり方について考えてみる。

「基準」では，専門職としての校長像を構成する基準を，以下の7つに整理した。①学校の共有ビジョンの形成と具現化，②教育活動の質を高めるための協力体制と風土づくり，③教職員の能力開発を支える協力体制と風土づくり，④諸資源の効果的な活用と危機管理，⑤家庭・地域社会との協働・連携，⑥倫理規範とリーダーシップ，⑦学校をとりまく社会的・文化的要因の理解，である。

---

①学校の共有ビジョンの形成と具現化

　校長は、学校の教職員、児童生徒、保護者、地域住民によって共有・支持されるような学校のビジョンを形成し、その具現化を図る。

②教育活動の質を高めるための協力体制と風土づくり

　校長は、学校にとって適切な教科指導及び生徒指導等を実現するためのカリキュラム開発を提唱・促進し、教職員が協力してそれを実施する体制づくりと風土醸成を行う。

③教職員の能力開発を支える協力体制と風土づくり

　校長は、すべての教職員が協力しながら自らの教育実践を省察し、職能開発を続けることを支援するための体制づくりと風土醸成を行う。

④諸資源の効果的な活用と危機管理

　校長は、効果的で安全な学習環境を確保するために、学校組織の特徴を踏まえた上で、学校内外の人的・物的・財政的・情報的な資源を効果的・効率的に活用し運用する。

⑤家庭・地域社会との協働・連携

　校長は、家庭や地域社会の様々な関係者が抱く多様な関心やニーズを理

解し、それらに応えながら協働・連携することを推進する。

⑥倫理規範とリーダーシップ

　校長は、学校の最高責任者として職業倫理の模範を示すとともに、教育の豊かな経験に裏付けられた高い見識を持ってリーダーシップを発揮する。

⑦学校をとりまく社会的・経済的・政治的・文化的状況の把握

　校長は、学校教育と社会とが相互に影響し合う存在であることを理解し、広い視野のもとで公教育および学校を取り巻く社会的・文化的要因を把握する。

　学校の経営責任者である校長には，自分自身の教育理念や高い見識を基に，学校関係者（教職員・児童・保護者・地域住民等）を巻き込みながら学校ビジョンを共有化することが求められる。そのために，学校ならびに所在する地域等に関する情報を収集・整理・分析し，現状を的確に把握しなければならない。（①に該当）

　その学校ビジョンは，あらゆる児童の成長・発達を最上位の目標にすえながら，自校の児童の実態に即したカリキュラム編成を実施し，児童の興味関心や学習意欲を高める環境づくりをしなければならない。それを支えるのは他でもない教職員であり，一人ひとりが常に学校改善に取り組むエンジンとなるよう同僚性と協働性を組み合わせながら成長できる学校風土の醸成も求められている。（②と③に該当）

　教育活動は学校内で自己完結するわけではない。学校ビジョンの実現に向けた最適な教育活動をもって，児童の成長・発達を支援しなければならない。最適な教育活動とはビジョンと実態を埋めるに相応しいものでなければならない。教育の諸資源の把握とその調達，家庭・地域社会・諸機関の実態把握と有機的連携・協働，それらがもたらす特色ある学校の実現，がまさに重要なのである。（④と⑤に該当）

　高い使命感・誠実・公正・公平に代表される職業倫理に加えて，地域社会における自校のミッションの設定，それを実現するためのビジョンの策定と公表，説明責任が校長には求められる。教育職は関係者の人間的成長に寄り添うものであり，自己省察・相互省察による職能成長が欠かせない。校長自らが率先し

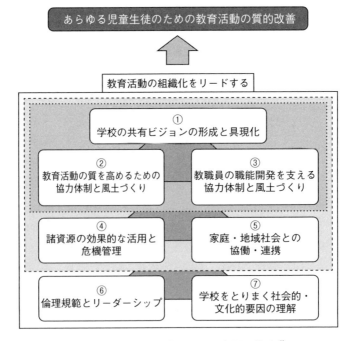

図 10 − 2 校長に求められる力量の構造[2]

て取り組み，教職員や児童をそれぞれの目標に応じて導かなければならない。法令順守は言うまでもなく，社会情勢を踏まえた学校改善への挑戦を続ける必要がある。（⑥と⑦に該当）

　日本教育学会では，図10 − 2 のように基準を構造化しているが，この構造は暫定的な提案として教育界に広く議論を呼び覚ますものと位置づけている。自律的学校経営時代のかじ取りを任された校長は，「教育活動を組織化するリーダー」として上記の 7 つの項目を「行動基準」として職責を果たすことが求められている。

引用・参考文献

1）中央教育審議会「チームとしての学校の在り方と今後の改善方策について」（答申），2015 年，p.26 を参考にして改変

2）日本教育経営学会『次世代スクールリーダーのための「校長の専門職基準」』
　　花書院，2015 年

その他の参考文献

平井悠介・曽余田浩史編著『教育原理・教職原論（新・教職課程演習 第 1 巻）』協
　　同出版，2021 年
佐々木正治編著『新中等教育原理〔改訂版〕』福村出版，2019 年
佐々木正治他編著『新教育経営・制度論』福村出版，2009 年

11章

初等教育の制度

1 | 初等教育の制度の概要

a. 幼稚園

幼稚園は,「義務教育及びその後の教育の基礎を培うものとして,幼児を保育し,幼児の健やかな成長のために適当な環境を与えて,その心身の発達を助長することを目的とする」（学校教育法第22条）学校教育法第1条に定める学校であり,初等教育の一部をなす。幼稚園の教育目標は,本書の第2章にあるように,健康・人間関係・環境・言葉・表現の5領域から構成される。入園対象は満3歳から小学校就学の始期に達するまでの幼児である。教育課程や教育のねらい及び内容等に関する事項は,文部科学省が告示する幼稚園教育要領による。

幼稚園には,園長,教頭及び教諭に加えて,副園長,主幹教諭,指導教諭,養護教諭,栄養教諭,事務職員,養護助教諭その他必要な職員を置くことができる。

ところで,2006年の改正教育基本法第11条において「幼児期の教育は,生涯にわたる人格形成の基礎を培う重要なものであることにかんがみ,国及び地方公共団体は,幼児の健やかな成長に資する良好な環境の整備その他適当な方法によって,その振興に努めなければならない」と規定された。これは,幼児教育の重要性があらためて社会全体に認識されたことを意味する。また,2006年の学校教育法改正以前には,その第1条において幼稚園は第1条校に列挙される学校の最後に記されていた。しかし,2006年の改正で,「学校とは,幼稚園,小学校,中学校,高等学校,中等教育学校,特別支援学校,大学及び高等

専門学校とする」と第1条校の先頭に記されている。これは，教育を受ける子どもの心身の発達に応じて，体系的な教育が組織的になされることを意図するとともに，幼稚園は子どもが最初に出会う学校であるという認識の表れである。

　なお，幼稚園においては，学校教育法第22条に規定する目的を実現するための教育を行うほか，同法第24条で「幼児期の教育に関する各般の問題につき，保護者及び地域住民その他の関係者からの相談に応じ，必要な情報の提供及び助言を行うなど，家庭及び地域における幼児期の教育の支援に努めるものとする」ことが，2006年の改正で規定されたことを付言しておきたい。

b.　小学校

　小学校は，「心身の発達に応じて，義務教育として行われる普通教育のうち基礎的なものを施すことを目的とする」（学校教育法第29条）学校教育法第1条に定める学校である。ここでいう普通教育とは，国民一般に共通に必要とされる基礎的な内容の知識技能を授ける教育を意味する。小学校における教育は，この目的を実現するために，本書第2章に示す目標を達成するように行われる。また，学校教育法第30条2には，「生涯にわたり学習する基盤が培われるよう，基礎的な知識及び技能を習得させるとともに，これらを活用して課題を解決するために必要な思考力，判断力，表現力その他の能力をはぐくみ，主体的に学習に取り組む態度を養うことに，特に意を用いなければならない」ことが定められている。そして，同法第31条では，「児童の体験的な学習活動，特にボランティア活動など社会奉仕体験活動，自然体験活動その他の体験活動の充実に努める」ことが求められている。

　小学校の修業年限は6年であり，保護者は，子の満6歳に達した日の翌日以後における最初の学年の初めから，満12歳に達した日の属する学年の終わりまで修学させる義務を負う。学齢に達しない子を小学校に入学させることはできない。

　小学校の教育課程は文部科学省が告示する学習指導要領による。小学校には，校長，教頭，教諭，養護教諭及び事務職員の他，副校長，主幹教諭，指導教諭，栄養教諭その他必要な職員を置くことができる。

　市町村は，区域内にある学齢児童を就学させるに必要な小学校を設置する義

務があるが，私立の小学校は，都道府県知事の所管に属する。

c. 義務教育学校

　義務教育学校は，「心身の発達に応じて，初等教育と前期中等教育までの義務教育として行われる普通教育を基礎的なものから一貫して施すことを目的」（学校教育法第 49 条 2）として 2016 年に新設された学校教育法第 1 条に定める学校である。義務教育学校は，小学校の教育課程に相当する 6 年の前期課程と中学校の教育課程に相当する 3 年の後期課程から構成される。教育課程や職員構成等については，小学校や中学校に関する規定が準用される。

　義務教育学校は，9 年間を通じた小中一貫教育を柔軟に構成したり，効率的な学校組織を構成したりすることで，いわゆる中 1 ギャップや児童生徒の成長の早期化や学校現場の課題の多様化・複雑化などへの対応が期待されている。

d. 認定こども園の普及

　認定こども園は，急速な少子化の進行や家庭・地域を取り巻く環境の変化の中，保護者や地域の多様なニーズに応えるために 2006 年 10 月から制度化された。幼稚園，保育所等のうち，以下の 2 つの機能を備え，認定基準を満たす施設は，都道府県知事から「認定こども園」の認定を受けることができる。

　機能 1：就学前の子どもに幼児教育・保育を提供する機能

　保護者が働いている，いないにかかわらず受け入れて，教育・保育を一体的に行う機能

　機能 2：地域における子育て支援を行う機能

　すべての子育て家庭を対象に，子育て不安に対応した相談活動や，親子の集いの場の提供などを行う機能

　また，認定こども園には，次の 4 つのタイプが存在する。

・幼保連携型：認可幼稚園と認可保育所とが連携して，一体的な運営を行うことにより，認定こども園としての機能を果たすタイプ

・幼稚園型：認可幼稚園が，保育に欠ける子どものための保育時間を確保するなど，保育所的な機能を備えて認定こども園としての機能を果たすタイプ

・保育所型：認可保育所が，保育を必要とする子ども以外の子どもも受け入れるなど，幼稚園的な機能を備えることで認定こども園としての機能を果たすタイプ
・地方裁量型：幼稚園・保育所いずれの認可もない地域の教育・保育施設が，認定こども園として必要な機能を果たすタイプ

　ところで，2015（平成 27）年 4 月に始まった「子ども・子育て支援新制度」により，幼保連携型認定こども園は，学校及び児童福祉施設としての法的位置づけを持つ施設となった。そして，教育・保育内容の基準には「幼保連携型認定こども園教育・保育要領」を定め，職員として新たに「保育教諭」が設置されることとなった。ただし，保育教諭は職名であって，就業にあたっては幼稚園教諭免許状と保育士資格の併有が求められる。
　なお，管理運営については，2023（令和 5）年 4 月に内閣府の外局としてこども家庭庁が設置され，従来内閣府と厚生労働省が担当していた事務を一元的に行うこととなった。

2 ｜ 初等教育の現況

a. 幼稚園の現況

　学校基本調査によると全国で幼稚園の数は，2012（平成 24）年には 1 万 3170 園であったが，2022（令和 4）年度のそれは全国で 9111 園（国立：49 園，公立：2910 園，私立：6152 園）となった。園児数は，2012（平成 24）年に 160 万 4225 人であったが，92 万 3295 人（男子 46 万 6450 人，女子 45 万 6845 人）にまで減少している。
　幼稚園の教員数（本務者）は，教諭のみで見ると 6 万 8906 人（男性 1666 人，女性 6 万 7240 人）で，女性教員の占める比率は 97.6％となっており，圧倒的に女性教員が多いことが特徴である。
　一方，認定こども園を見ると，その数は 2012（平成 24）年には 909 園から 2022（令和 4）年には 9220 園へと大きく増加している。幼保連携型認定こど

も園に限ると2015（平成27）年の1930園から6475園（公立：912園，私立5563園）へと大きく増加した。また，その園児数は同期間で28万1136人から82万1411人となった。

　幼保連携型認定こども園の教育・保育職員（本務者）のうち保育教諭は，10万891人（男性3093人，女性9万7798人）で，女性職員が全体の96.9%を占めていて，幼稚園同様に女性保育教諭の割外が大きい。

　ちなみに，保育所の数は，2012（平成24）年には，2万3711施設から2022（令和4）年の2万3899施設と微増している。また，特定地域型保育事業（小規模保育事業，家庭的保育事業，事業所内保育事業及び居宅訪問型保育事業）が子ども・子育て支援新制度がスタートした2015（平成27）年の2737施設から2022（令和4）年には7474施設へと大きく増加している。同年のこの施設の利用児童数は，9万2208人で，保育所・幼保連携型認定こども園・幼稚園型認定こども園と合わせると，280万579人の児童が利用するに至っている。

　幼稚園の就園率は，1973（昭和48）年から2001（平成13）年までは60%を越えていたが，近年では40%程度まで減少している。しかし，少子化への対策として子育て支援制度の充実が図られる過程で，保育や幼児教育の制度が大きく変わりつつある。

b．小学校の現況

　学校基本調査によると，小学校の児童数は2012（平成24）年の676万4619人から2022（令和4）年には，615万1305人となった。2022（令和4）年の小学校数は全国で1万9161校（国立：67校，公立：1万8851校，私立：243）である。この数は，2012（平成24）年の2万1460校から大きく減少した。学級数は27万4076学級で，そのうち，単式学級数は21万6395学級，複式学級数は4414学級，特別支援学級数は5万3267学級となっている。こちらも2012（平成24）年と比較すると，単式学級（27万5058）と複式学級（5440）はその数を大幅に減らしているが，特別支援学級については（3万2773）から大きく数を増やしていることが特色である。

　教員数（本務者）は教諭で見ると，30万3066人（男性11万0199人，女性19万2867人）となり，女性教員の占める比率は63.6%で，女性教員が教諭全

体の約 2/3 を占めている。

　なお，義務教育学校は，2022（令和 4）年時点で全国に 178 校（国立：5 校，公立：172 校，私立：1 校）あり，7 万 7799 人の児童生徒が学んでいる。

c. 小1プロブレム・中1ギャップ

　小 1 プロブレムとは，小学校に入学したばかりの子どもたちが，集団行動がとれない，授業中に座っていられない，教師の話を聞かないなどという状態が数か月継続する状態をいう。また，中 1 ギャップとは，児童が，小学校から中学校への進学において，新しい環境での学習や生活へうまく適応できず，不登校等につながっていく現象としてこの言葉が使われることが多い。

　これらの問題は，教育基本法・学校教育法において，幼稚園から始まり大学に至るまで学校として体系性が重視されていること，また，学びの連続性を確保するという観点からも重要な問題である。

　そこで，今日においては，たとえば国立教育政策研究所による「スタートカリキュラム」の開発や幼稚園・保育所及び認定こども園と小学校の教員が合同で研修を行ったり，幼児・児童の交流を図ったりする試みがなされている。また，文部科学省では，2022（令和 4）年度から「保幼小の架け橋プログラム」を推進するなど小 1 プロブレムの解消に向けた努力がなされている。

　また，中 1 ギャップについては，先に見た義務教育学校に加えて，小中一貫教育（施設一体型・施設隣接型・施設分離型）を行う小・中学校が 2022（令和 4）年に全国で 866 校に上っている。小・中一貫校設置の理由としては，「学力向上」と「中 1 ギャップの解消」を挙げる学校が約 90 校あったが，設立のきっかけとして学校の統廃合が強く影響している。今，教育の連続性の意義をどのようにして制度化するかが問われている。

3 ｜ 学習権保障のための法制

a. 教育を受ける権利・教育を受けさせる義務

　我が国においては，憲法第 26 条第 1 項において，「すべて国民は，法律の定

めるところにより，その能力に応じて，ひとしく教育を受ける権利を有する」
と定められている。また，憲法第26条2項で，国民に対して「保護する子女
に普通教育を受けさせる義務」を課している。これは，教育を受ける主体であ
る子女が年少者であるために権利を有しながらもその権利を自ら行使すること
が困難であるために，義務教育を無償（同第2項）にして，その保護者に子女
を就学させる義務を課したものである。

　これを受けて学校教育法第17条では，保護者に「子の満6歳に達した日の
翌日以後における最初の学年の初めから，満12歳に達した日の属する学年の
終わりまで，これを小学校又は特別支援学校の小学部に就学させる義務」を課
している。なお，先に示したように，我が国の義務教育は年齢主義を採ってお
り，学齢に達しない子は，入学させることができない（学校教育法第36条）。

　幼稚園は，義務教育ではないので保護者に対して就園させる義務はない。保
育料については，2015（平成27）年の子ども・子育て支援新制度の開始によっ
て無償化が図られた。

b. 教育課程の全国的基準の設定

　幼稚園は，教育基本法及び学校教育法その他の法令ならびに幼稚園教育要領
の示すところに従って，創意工夫を生かし，幼児の心身と幼稚園及び地域の実
態に即応した適切な教育課程を編成することが求められる。幼稚園の教育課程
は，健康，人間関係，環境，言葉，表現の5領域からなる。また，2008年の
幼稚園教育要領改訂で，教育課程に係る教育時間の終了後等に行う教育活動
（預かり保育）についての留意事項が明記された。

　小学校の教育課程に関する事項は，文部科学大臣が定めることになっている。
具体的には，学校教育法施行規則に定めるとおり，小学校教育課程は，国語，
社会，算数，理科，生活，音楽，図画工作，家庭，体育及び外国語の各教科，
特別の教科である道徳，外国語活動，総合的な学習の時間ならびに特別活動に
よって編成される。これら各教科における指導内容については，文部科学省が
告示する小学校学習指導要領で規定される。そして，学習指導要領が具体化さ
れるものとして教科書が作成され，文部科学大臣の検定を経て，各学校で使用
されることとなる。

学習指導要領は，2003 年の一部改正において，その基準性が明確にされた。また，教科書については，「義務教育諸学校の教科用図書の無償措置に関する法律」によって無償となっている。

以上のように，教育課程の全国的基準を設定することで，幼児及び児童が学ぶ教育水準の維持向上が図られている。

c. 義務教育諸学校の教職員の給与負担の法制

「教育は人なり」と言われるように，教育の成否は，教職員の確保，適正配置，資質向上に負うところが大きい。そこで，必要な財源を安定的に確保することは不可欠であるので，憲法の要請に基づく義務教育の根幹（機会均等，水準確保，無償制）を支えるため，国は必要な制度を整備することが必要である。

よって，「市町村立学校職員給与負担法」により，本来，市町村が市町村立学校の教職員の給与費を負担すべきところを都道府県が全額負担する。そして，「義務教育費国庫負担法」によって，都道府県の負担とされた市町村立学校の教職員給与費について，国が都道府県の実支出額の原則 3 分の 1 を負担することとなっている。こうして，優秀な教職員の安定的な確保と，広域人事による適正な教職員配置が具体化する。

d. 施設・設備の水準確保のための法制

幼稚園の編成・施設及び設備については幼稚園設置基準，小学校の編成・施設及び設備については小学校設置基準でそれぞれ定められる。これら設置基準は，学校を設置するのに必要な最低の基準である。よって，学校の設置者は，編成・施設及び設備が設置基準を下回らないように留意するとともに水準の向上に努めなければならない。特に施設・設備に関しては，指導上，保健衛生上，安全上及び管理上適切なものを備えることが求められている。また，常に改善し，補充しなければならないと定められている。

幼稚園の施設・設備については，園地，園舎及び運動場，備えるべき施設・設備として①職員室，②保育室，③遊戯室，④保健室，⑤便所，⑥飲料水用設備・手洗用設備・足洗用設備が設置されなければならない。また，備えるように努める施設・設備として，①放送聴取設備，②映写設備，③水遊び場，④幼

児清浄用設備，⑤給食施設，⑥図書室，⑦会議室が挙げられている。

　幼稚園の設置基準については，たとえば園舎については2階建て以下を原則としたり，飲料水用設備を手洗用設備または足洗用設備と区別して設置することを定めたりするなど，より保健衛生や安全の面に配慮していることが特色である。

　小学校設置基準については，学校教育法第3条において「学校を設置しようとする者は，学校の種類に応じ，文部科学大臣の定める設備，編成その他に関する設置基準に従い，これを設置しなければならない」とされていたが，長らく定められることなく，2002年4月に初めて施行されるに至った。

　小学校の施設・設備は，校舎及び運動場の面積，校舎に備えるべき施設として，①教室（普通教室，特別教室等とする），②図書室，保健室，③職員室，④必要に応じて特別支援学級のための教室を備えるものとされる。また，体育館の設置や，学級数及び児童数に応じ，指導上，保健衛生上及び安全上必要な種類及び数の校具及び教具を備えなければならないことが規定されている。

4 ｜ 欧米主要国の初等教育の制度

a. アメリカ合衆国

　アメリカ合衆国の学校制度は，州や学区によって異なる。これら多様な制度を1つの図にまとめると分岐型のように見えるかもしれないが，ヨーロッパの国々のような伝統による制約が少ないので19世紀末には，単線型学校制度を実現していた。初等・中等教育の修業年限で見ると，最も伝統的なのは8−4制であり，次いで6−6制が増加した。都市部では6−3−3制が発達し，これが戦後日本の教育制度として導入された。また，中等教育を早期に開始するミドルスクール運動が1950年代以降活発になった結果，5−3−4制を採用する州も存在する。

　就学年齢は，ほとんどの州で6歳または7歳と規定されているが，7歳と規定している州でも，小学校入学年齢は学区によって6歳と規定されており，実際は6歳から入学する。また，ほとんどの公立小学校は入学前1年間の就学前

クラス（K 学年）を有しており，多くの児童が 5 歳から就学している。

アメリカの学校にはわが国の学習指導要領といった国家基準がない。教育課程は州教育委員会が枠組みを定めるものの，実際には学区の教育委員会に権限がゆだねられているので教科の種類や授業時数は州や学区によって異なる。

また，家庭等における義務教育がすべての州で就学義務の免除として認められている。なお，アメリカの幼児教育では，「健康及び人的サービス省」（Department for Health and Human Services, 略称 HHS）が行っているヘッドスタート（Head Start）プログラムが有名である。これは，低所得者層の 3 歳から 4 歳の子ども（環境不遇児）を対象とした国民的な就学援助のためのプログラムである。

b. イギリス

イギリスでは，初等教育・中等教育における義務教育において，日本のような 1 学年ごとではなく 2 〜 3 学年をひとまとめにしたキー・ステージ（KS, Key Stage）を設定し，各 KS ごとに，日本の学習指導要領にあたる「ナショナル・カリキュラム」によって必修科目とその内容が定められる。しかし，各学校レベルでは各学校の事情に合わせて独自のカリキュラムが構成され，教師は教科書に頼らずに独自に工夫をして授業を展開する。

キー・ステージの段階は，KS1（幼児学校 1 〜 2 年），KS2（初等学校 1 〜 4 年），KS3（中等学校 1 〜 3 年），KS4（中等学校 4 〜 5 年）に分けられる。そのうち，KS1 が幼児学校（infant school），KS2 が下級（junior school）の 6 年間が初等教育段階である。幼児学校と下級学校は，それぞれ独立した学校であるが，約半数が同一の校舎を使用している。また，1960 年代以降，2 年制の幼児学校に代わって，子どもの発達段階を考慮した 3 〜 5 年生のファースト・スクールが設置されてきた。

法令上，義務教育は 5 歳に達した後の最初の学期に始まるが，通常は 5 歳になる年度（4 歳の間）に入学する（レセプション・クラス）。また，9 月（秋学期）入学を基本としているが，学校により 1 月（春学期），3/4 月（夏学期）にも生徒を受け入れる。

なお，イギリスでは，ホームスクールも認められている。また，2 〜 4 歳を

対象とする保育学校（nursery school）も存在する。

c. フランス

フランスでは，1989年の教育基本法制定に際して，保育学校と小学校とを合わせて初等学校と位置づけた。これは，保育学校に3～5歳児のほぼ100％，2歳児の約3分の1が就学していることから，両者の連続性を重視するものであり，現在では，義務教育期間が3歳から16歳となっている。小学校は，1～3学年の基礎学習期と4～5学年の定着学習期から構成され，読み書き計算と他者の尊重の基礎が指導される。教育課程に関しては，大学入学資格試験となるバカロレアに向けて初等教育からの教育課程が構成されているが，教科書や指導法の選択は教師に任されていることが特徴である。また，登校日は週4日と5日を各学区が選択できる。

ところで，フランスの初等教育においては，落第制度が存在することを指摘したい。フランスは課程主義をとっており，たとえ小学校1年生であっても落第させられる可能性がある。結果，コレージュ（中学校）入学時には，約3割の生徒が落第を経験しているといわれている。一方で，飛び級も存在する。

フランスでは，学業失敗が大きな問題となっている。

d. ドイツ

ドイツは連邦国家であり，それぞれの州の文部大臣で構成される常設各州文部大臣会議が国内の教育課程を決定し，連邦政府の連邦教育学術省には初等中等教育に関する権限がないことが特色である。

また，各州によって教育制度や学校の名称などが異なっている。しかし，多くの州では，初等教育として4年間の基礎学校が設置されている。基礎学校を終えた後に，中等教育終了後に就職して職業訓練を受ける生徒が進学する5年制のハウプトシューレ，職業教育学校や中級の専門職に就く生徒が進学する6年制の実科学校，そして，大学進学希望者が入学して大学入学資格であるアビトゥア取得を目指す9年制のギムナジウムに分かれる分岐型の学校制度を採用していた。

しかし，OECDの学習到達度調査（2000年）の結果，ドイツの学力不振に

対する危機感から中等学校制度が従来のギムナジウムと新制中等学校に再編され，基礎学校を終えた生徒の進路が２つに分岐することとなった。

e.　中国

中国では，幼稚園が３歳から５歳までの幼児を教育対象としている。また，６歳から15歳までが義務教育として位置づけられ，そのうちの６年間が小学校であるが，上海市など地域によっては小学校を５年制としているところもある。教育課程では，「国語」「歴史」「道徳と法治」の３教科の教科書については国定制が採用され，他の教科は検定制となっている。

中国では，特に成績が優秀な生徒には飛び級が認められる一方で，国の規定によって生徒の5%以内にあたる成績が振るわない生徒には，留年の措置がとられる。

教師には学校段階に応じた学歴が求められ，幼稚園では幼児師範学校，小学校では中等師範学校以上を卒業していることが必要となる。

ところで，中国はその国土の広大さと多数の少数民族を抱えることから，共通語としての「普通話」の普及と民族教育が重要となっている。また，OECDの学習到達度調査（PISA）で１位を獲得する一方で，学歴社会化したことによる子どもたちへの過重な学習負担を軽減することが大きな課題となっている。

f.　韓国

韓国では，教育省所管の幼稚園と保健福祉省管轄の保育所で就学前教育が行われており，合わせて90%以上の幼児が就園している。現在では，幼保一元化が推し進められ，３〜５歳児は共通の教育課程で学ぶことができる。

初等学校は６年制で，６歳から12歳の児童を対象とするが，入学適齢期前後１年の早期入学・入学猶予が認められていることが特色である。教育課程は，国レベルで定められるが，昨今の技術革新のスピードに合わせて６〜７年で改訂がなされている。また，初等学校入学時に学校生活に慣れるための教育プログラムや初等学校の６年間を１〜２年，３〜４年，５〜６年の学年群に分けた柔軟な教育課程運営やプログラミング教育の重視が特色である。

なお，韓国の教員は，福利厚生や労働環境が恵まれているので，教職は人気

の職業となっている。

引用・参考文献

河野和清編著『現代教育の制度と行政〔改訂版〕』福村出版，2017 年

文部科学省『世界の学校体系』（教育調査第 152 集）ぎょうせい，2017 年

藤原文雄編著『世界の学校と教職員の働き方 —— 米・英・仏・独・中・韓との比較から考える日本の教職員の働き方改革』学事出版，2018 年

佐々木正治編著『新中等教育原理〔改訂版〕』福村出版，2019 年

二宮晧編著『世界の学校 —— グローバル化する教育と学校生活のリアル』学事出版，2023 年

文部科学省「世界の学校体系（ウェブサイト版）」（https://www.mext.go.jp/b_menu/shuppan/sonota/detail/1396836.htm），2017.10. 登録

本章の執筆にあたり、学校基本調査その他調査データについては，「政府の統計窓口」（e-Stat）（https://www.e-stat.go.jp/）や内閣府のホームページ（https://www.cao.go.jp/）から確認できる資料を活用している。

12章

生涯学習と家庭教育・社会教育

1 | 生涯学習

a. 生涯教育論の提唱

1960年代に入ると，人口が急増し，社会のさまざまな面で変化が加速し，科学技術体系も進歩してきたことにより，社会全体が今までに経験したことのない多様な価値観の挑戦を受けるようになってきた。そのために，従来の学校教育中心の教育体制ではその新たな挑戦に充分に対応できないことが予測された。

そこで，1965年，国際連合教育科学文化機関（UNESCO）主催の第3回成人教育推進国際委員会会議の席上で，ユネスコの成人教育部長であったポール・ラングラン（Lengrand, P. 1910-2003）は「エデュカシオン・パルマナント（l'education permanente）」と題するワーキングペーパーを提出した。それを受けて同委員会は次のように述べた[1]。

> ユネスコは，幼い子ども時代から死に至るまで，人間の一生を通じて行われる教育の過程——それ故に，全体として統合的な構造であることが必要な教育の過程——を造り上げ活動させる原理として，〈生涯教育〉という構想を承認すべきである。そのために，人の一生という時系列にそった垂直的な次元と，個人および社会の生活全体にわたる水平的な次元の双方について，必要な統合を達成すべきである。

この考えはこれらの挑戦に対応するために，従来の学校中心の教育観を見直

し，新たに垂直的統合と水平的統合という2つの次元での統合により，すべての人が教育を享受できるように捉え直すものである。そして，この考えを達成するには，日常生活において「誰でも，いつでも，どこででも必要に応じて，学ぶことのできる態勢」が確立されることが必要である。この新しい考えは生涯教育論（lifelong integrated education）と英訳され，教育問題に悩んでいた世界中の国々に普及していくことになる。

ところで，生涯教育の考え方は20世紀に突然出現したわけではなく，古くから唱えられており，なんら目新しい考えではない。たとえば，古代中国の思想家である孔子の有名な『論語』の一節「吾十有五にして学に志し，三十にして立つ。四十にして惑わず。五十にして天命を知る。六十にして耳従う。七十にして心の欲するところに従いて矩を踰えず。」にもこの考えは見られる。また，古代ギリシャの思想家であるソクラテス，プラトン，アリストテレスなどの聖人・賢人が説いた思想にも散見される。しかし，これらの思想に浴しえたものは，一部の選ばれた人たち，すなわちエリートにすぎなかった。そのために，これらの考えを古典的生涯教育論と呼ぶ。それに対して，ラングランの生涯教育論は公教育の流れの中で提唱されてきた考えであり，あらゆる人々を対象にしている。その意味では古典的生涯教育論とは一線を画している。

b. 生涯教育論の展開

ラングランが提唱した生涯教育論に続いて，その後さまざまな生涯教育論が出されてくる。しかし，それらは次の3つに集約されるであろう。

❶ 『ユネスコ教育開発国際委員会報告書』（別名『フォール報告書』）

生涯教育論が世界中の国々に広まっていく中で，各国政府の教育開発戦略を援助するために，1971年にユネスコにより設置された教育開発国際委員会は1972年にユネスコ事務総長に報告書 "Learning to Be"（邦訳『未来の学習』）を提出した。

この報告書はラングランの提唱した生涯教育論を踏襲し，生涯教育はあくまでもヒューマニズムを基調としつつ，未来社会における教育のあり方を明らかにした。未来の学習の目的は財産，資格などを「持つための学習（learning to have）」から人間で「あるための学習（learning to be）」に移行し，最終的に

「完全な人間（complete man）」を育成することであると定め，「学習社会」の建設を提言した。これは，ハッチンス（Huchins, R. M. 1899-1977）が1968年に著した『学習社会論（The Learning Society）』で示した考えを取り入れたものである。

　この報告書は生涯教育の到達すべき目標を明記し，しかも生涯教育を個々人が人間らしさを追求するために存在するととらえている。

❷ 経済協力開発機構（OECD）が提唱したリカレント教育論

　リカレント教育（recurrent education）は経済協力開発機構（OECD）が1973年に刊行した報告書『リカレント教育——生涯学習のための一戦略』に明確に示されており，次のように定義される[2]。

　　　リカレント教育は，すべての人に対する，義務教育終了後または基礎教育終了後の教育に関する総合的戦略であり，その本質的特徴は，個人の生涯にわたって教育を交互に行うというやり方，すなわち他の諸活動と交互に，特に労働と，しかしまたレジャー及び隠退生活とも交互に教育を行うことにある。

　1960年代，労働者の質の確保のために教育機会の平等化を達成しようとしていたOECD諸国は，急激な社会変化に対応できない現在の学校教育システムに危機を覚え，この状況を克服する教育戦略と同時に経済戦略としてリカレント教育論を提案した。その意味では，「フォール報告書」で否定された「持つための学習（learning to have）」を目指す生涯教育論である。

　これは生涯を教育，労働，隠退という順に進む伝統的な教育システム，すなわち人生の前半で教育を終了するというフロントエンド（front-end）モデルから，教育，労働，余暇を繰り返すことによって，個人が絶えず社会の変化に対応し，新たな知識・技能を獲得することのできるリカレントモデルの教育システムへの転換を意味する。

　リカレント教育と生涯教育との違いはそれぞれの理論を提唱した組織，すなわちOECDとUNESCOの目的の違いから生じており，リカレント教育を実現するためには，教育制度や労働市場の改革というより具体的戦略として展開

される。

❸ ジェルピに代表される生涯教育論およびその政策

1972年にラングランの後任としてユネスコの生涯教育部長に就任したジェルピ（Gelpi, E. 1933-2002）はラングランとは異なる立場で生涯教育論を展開した。彼は「個々人の集団生活，家庭，そして自己自身における個人の全面的で順調な発達を促進すること」[3] が教育の最終目標であると考え，「教育は，不利益を被（こうむ）っている人々，抑圧されている人々，排除され，搾取されている集団の要求に応えるべきものである」[4] と主張し，一貫して支配される側の立場から教育，また生涯教育を捉えた。そして，生涯教育の概念には曖昧さがあるがゆえに，すべての人に教育をという場合，生涯教育が生産性の向上のために取り入れられ，従来の既成秩序を強化する道具として利用される危険を持つと同時に，人々を抑圧しているものに対する闘争に関わっていく力ともなりうるといい，後者の観点に立ち，生涯教育政策に取り組んだ。

また，ユネスコは各国の成人教育関係者による実践・研究の交流を通して，成人の学習と教育の発展を推進するために，1949年に第1回国際成人教育会議を開催し，その後，ほぼ12年おきに国際会議を開催してきた。会議を重ねるごとに，第二次世界大戦後に独立した開発途上国の参加が多くなり，そこでの議題も先進諸国の生涯教育よりも発展途上国における生涯教育政策などに観点が移行していった。特に，1985年の第4回パリ会議では成人教育は教育の利益を享受できずにいた人々に応えるべきであるとし，学習権は基本的人権の一つであるとする「学習権宣言」が行われた。

c. 生涯教育と生涯学習

現代社会では「生涯学習（lifelong learning）」という言葉が巷（ちまた）にあふれる一方，ラングランが提唱した「生涯教育（lifelong education）」という言葉はほとんど用いられなくなりつつある。我が国では，1981年の中央教育審議会答申「生涯教育について」において，両者の違いが明確に示された[5]。

　　　今日，変化の激しい社会にあって，人々は，自己の充実・啓発や生活の向上のため，適切かつ豊かな学習の機会を求めている。これらの学習は，

　　各人が啓発的意思に基づいて行うことを基本とするものであり，必要に応
　じ，自己に適した手段・方法は，これを自ら選んで，生涯を通じて行うも
　のである。この意味ではこれを生涯学習と呼ぶのがふさわしい。
　　　この生涯学習のために，自ら学習する意欲と能力を養い，社会の様々な
　教育機能を相互の関連性を考慮しつつ総合的に整備・充実しようとするの
　が生涯教育の考え方である。言い換えれば，生涯教育とは，国民の一人一
　人が充実した人生を送ることをめざして生涯にわたって行う学習を助ける
　ために，教育制度全体がその上に打ち立てられるべき基本的理念である。

　「生涯学習」は各個人が啓発的意思に基づいて行うことを基本とする学習活
動であり，「生涯教育」は個々人の生涯学習を支援するための制度全体が依拠
する基本的理念である。そして，2006 年に改正された教育基本法第 3 条にお
いて生涯学習の理念は次のように規定された。

　　　国民一人一人が，自己の人格を磨き，豊かな人生を送ることができるよ
　う，その生涯にわたって，あらゆる機会に，あらゆる場所において学習す
　ることができ，その成果を適切に生かすことのできる社会の実現が図られ
　なければならない。

d.　我が国の生涯教育政策

　1965 年にラングランにより提唱された生涯教育論は，すぐ翻訳・紹介され
たが，直ちに教育政策に取り入れられたわけではない。社会教育分野では
1971 年の社会教育審議会答申「急激な社会構造の変化に対処する社会教育の
あり方について」で生涯教育の考えが初めて盛り込まれた。この答申は高度経
済成長にともなう労働者の都市部への流出，また青少年の高学歴化により，農
村を中心として展開されてきた社会教育の停滞に対する解決策として出された。
また，学校教育分野でも量的拡張にともなう教育の質的変化に適切に対応する
ためには，家庭・学校・社会を通じて学校教育体制の総合的な整備が必要と
なっていた。1971 年に中央教育審議会は生涯教育の考えに基づき学校教育体
制を再検討することを意図して「今日における学校教育の総合的な拡充整備の

ための基本施策について」を答申した。しかし，両答申とも政策理念として生涯教育の考えが盛り込まれているが，それを実現するための具体的方策が十分には示されておらず，教育政策として具体化するには，しばらく時間を要する段階であったといえる。

これらの答申から10年後の1981年に，中央教育審議会は新たに「生涯教育について」を答申した。この答申は2つの意味を持つ。一つは，生涯教育理念を社会教育政策および学校教育政策としてそれぞれ独自に適応してきたものを生涯教育構想として総合化したことである。もう一つは，前述したが，新たに「生涯学習」という概念を導入したことである。そして，この答申はこの後出されてくる臨時教育審議会答申への橋渡しの役割を果たした。

1984年に国家として生涯学習体系を確立するために，内閣総理大臣直属の諮問機関である臨時教育審議会が設置され，1985年から1987年にかけて臨時教育審議会から矢継ぎ早に4次にわたる答申が出された。

臨時教育審議会第2次答申の第2部第1章「生涯学習体系への移行」において，わが国が今後も活力を維持していくためには，学歴社会の弊害を取り除き，学校中心の考えから脱却しなくてはならなく，現在のタテ型の学習システムから教育の各分野間の連携・協力を充実させ，学習者個人が利用しやすい体制を確立する生涯学習社会の構築が強調された。

これらの答申を受け，1988年に実施された文部省の機構改革により，社会教育局が生涯学習局（現在，総合教育政策局）に名称を変更し，筆頭部局に位置づけられた。さらに，1990年の中央教育審議会答申「生涯学習の基盤整備について」では，国・都道府県・市町村において生涯学習の各種施策の連絡調整を図る組織を整備する必要があるとされ，各地域の生涯学習を推進する中心機関となる「生涯学習推進センター」設置の必要性が謳われた。この答申を受けて，1990年には「生涯学習の振興のための施策の推進体制等の整備に関する法律」が制定され，文部科学省の管轄を超えたより広い範囲で生涯学習体制を確立することが目指された。各都道府県に同様の生涯学習推進組織が作られ，生涯学習が積極的に推進・展開された。

その後，1998年には生涯学習審議会答申「社会の変化に対応した今後の社会教育行政の在り方について」が，2000年には生涯学習審議会社会教育分科

審議会報告「家庭の教育力の充実などのための社会教育行政の体制整備について」などが出され，生涯学習社会に向けて社会教育行政の取り組む方向性が示された。

　2006 年に改訂された教育基本法では，旧法になかった生涯学習社会の実現という視点から第 3 条に「生涯学習の理念」が，また低下している家庭の教育力を回復させるために，「家庭教育」を第 10 条として社会教育分野から独立させた。そして，その解決方法としてあらたに第 13 条「学校，家庭及び地域住民などの相互の連携協力」が追加され，三者による連携・協力がいっそう推進されることとなった。

　この改正教育基本法をふまえて，2008 年に中央教育審議会から「新しい時代を切り拓く生涯学習の振興方策について——知の循環型社会の構築を目指して」が答申された。21 世紀は新しい知識があらゆる領域で基盤となり，重要性を増す「知識基盤社会（Knowledge-based society）」の時代で，総合的な「知」や次世代を担う子どもたちに必要な「生きる力」や大人に求められる「変化の激しい社会を生き抜くために必要な力」が求められているとして，個々人の学習の成果を社会に活用することにより新たな学習の需要が生ずる「知の循環型社会」の構築を提言した。そして，めざすべき施策として，個人の要望と社会の要請からなる「国民一人一人の生涯を通じた学習の支援」と，学校・家庭・地域が連携するための仕組みづくりを通した「社会全体の教育力の向上」という 2 つの方向性を示し，その具体的な方策を提言した。

　さらに，2018 年に中央教育審議会から「人口減少時代の新しい地域づくりに向けた社会教育の振興方策について」が答申された。その第 1 部では人口減少や高齢化をはじめとする多様な課題に対応できるような地域社会の再生が求められる中で，住民の学びと活動を通して「人づくり」と「つながりづくり」を行ってきた社会教育はこの特性を活用して，「地域づくり」という新たな役割を果たす必要があるという。そのためには，今後「住民の主体的な参加のためのきっかけづくり」，「ネットワーク型行政の実質化」，「地域の学びと活動を活性化する人材の活躍」，すなわち「開かれ，つながる社会教育」へと進化する必要があるとし，具体的な方策が示された。（第 2 部については後述）

2 | 家庭教育

a. 家庭教育の意義

　家庭教育は生まれてきた子どもが属する最初の集団である家庭で，親が将来必要となる基本的な生活習慣，生活能力，豊かな情操，他人に対する思いやり，善悪の判断などの基本的倫理観，社会的なマナー，基礎的な資質や能力を子どもと日常生活を過ごす過程で，子どもに習得させることである。換言すれば，家庭教育は子どもを社会化することといえる。しかも，「三つ子の魂百まで」ということわざがあるように，家庭教育は子どもの人生を大きく左右するほど重要な役割を担っている。しかし，乳幼児期，幼児期の段階では，親および家族の影響が非常に大きく，しかもしつけなどの意図的な側面と「親の後ろ姿を見て育つ」というように無意図な側面があり，第三者の影響を受けづらい性格を有する。そういう意味で，親が子どもに対して行う私的な教育である。

b. 生涯学習と家庭教育

　家庭教育を行う親や家庭は孤立しがちであるために，祖父母や家庭を取り巻く地域社会などの協力が不可欠である。しかし，近年，都市化の進行，急速な核家族化，それにともなうコミュニティの弱体化，さらに人々の価値観の変化や親の家庭教育に対する意識の変化により，家庭の教育力の低下が著しい。その結果，「小１プロブレム」「学級崩壊」など，想定外の諸問題が生じている。

　そこで，改正教育基本法では，その重要性および生涯学習の視点から「家庭教育」が第10条として新たに設けられた。第10条第１項では家庭教育は私的な教育であることから，子どもの人格形成および教育には家庭が責任を持つべきであることが明記された。しかし，家庭の現状をふまえると，家庭教育を家庭のみに任せることは困難であるので，社会全体で支援するために，第２項で「家庭教育の自主性を尊重しつつ」という条件の下，国および地方公共団体に家庭教育を支援するように努力義務が課された。

　そして，上述の2008年中央教育審議会答申に基づき，地域全体で①家庭教

家庭の教育力の向上

20年度予定額　1,485百万円

背景

○家庭の教育力の低下
　都市化，核家族化及び地域における地縁的なつながりの希薄化等により，家庭の教育力の低下が指摘されるなど，社会全体での家庭教育支援の必要性が高まっている。

○改正教育基本法（家庭教育）
第10条　父母その他の保護者は，子の教育について第一義的責任を有するものであって，生活のために必要な習慣を身に付けさせるとともに，自立心を育成し，心身の調和のとれた発達を図るよう努めるものとする。
2　国及び地方公共団体は，家庭教育の自主性を尊重しつつ，保護者に対する学習の機会及び情報の提供その他の家庭教育を支援するために必要な施策を講ずるよう努めなければならない。

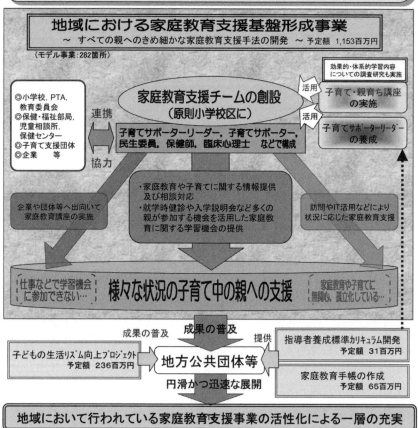

図12－1　地域における家庭教育支援基盤形成事業の全体[6]

育に関する学習機会の充実，②子育て支援ネットワークづくりの推進，③親子の共同体験の機会の充実，④父親の家庭教育参加の支援・促進などが行われている。今日では家庭や地域と学校との連携強化を図りつつ「家庭教育支援チーム」の組織化がなされている（図 12 - 1）。

c. 生涯学習と学校教育

人類の営みとともに，親が子どもに必要なことを教えるという形で教育は始まった。やがて時代が進むにつれて教育の中心は家庭から，意図的計画的な組織である学校に移り，専門的技能を有する教師が子どもに必要な知識を教授するという学校教育システムが確立され，学校教育を中心として教育が行われるようになった。

しかし，生涯教育論の提唱により，教育（学習）は人間の一生涯を通じて，また学校だけでなく，家庭や地域社会などあらゆる場所で行われることが社会的に認識されることとなった。そして，1986 年の臨時教育審議会第 2 次答申において，初等中等教育は生涯学習の視点から基礎・基本を徹底し，自己教育力の育成を目指すことが求められた。このことは，学校教育は生涯教育体系の基礎部分に位置づけられ，学校教育のとらえ方が完成教育の場としての学校観から成人した後も継続的に学習ができるように「学び方を学ぶ」場としての学校観に変化したことを意味する。

そして，1996 年に中央教育審議会答申「21 世紀を展望した我が国の教育の在り方について（第 1 次答申）」では，これからの学校がめざす教育は，子供たちが自ら学び，自ら考える教育，すなわち「生きる力」の育成が基本であるとされた。これに基づき，1998 年度に改訂された学習指導要領の理念に「ゆとり」の確保と「生きる力」の育成が掲げられ，「総合的な学習の時間」が新設され，完全学校週五日制が導入された。その後改訂された 2008 年度版学習指導要領，また 2017 年度版学習指導要領においても「生きる力」の育成，すなわち生涯学習に必要な自己主導的学習能力の育成がめざされている。

3 ｜ 社会教育

a. 社会教育の意義

　まず，社会教育とは何か。社会教育法第2条において，社会教育とは，「①学校教育法又は就学前の子どもに関する教育，保育等の総合的な提供の推進に関する法律に基づき，学校の教育課程として行われる教育活動を除き，②主として青少年及び成人に対して行われる③組織的な教育活動（④体育及びレクリエーションの活動を含む。）をいう」（数字は筆者が加筆）と定義される。つまり，社会教育は青少年および成人を対象に組織的に行われる教育活動で，学校教育で行われる教育活動を除く教育の総体であり，無意図的教育とは異なる。

　学校教育は次世代の国民を養成するという明確な目的を持つことから，法律によって教育制度，教育内容，学習者，教師が規定されている。社会教育は学校教育と比較して，学習者は年齢・学歴的にも多様であり，基本的に自主的，自発的な学習活動を展開する。そのために，学習内容も実践的なものから教養的なものまで多種多様であり，それにともなう学習方法も同様である。さらに，指導者と学習者との関係は固定的でなく，対等もしくは相互的である。

　社会教育施設は人々の社会教育活動を推進することを目的に設置された教育機関であり，物的条件，人的条件，機能的条件を備えた独立体である。教育機関であることから，館長および専門的職員を有し，住民の学習活動をサポートする。表12-1は社会教育の3大施設である公民館，図書館，博物館などの設置状況，指定管理者制度導入施設数，指導系職員の配置状況を示している。公民館は地域に最も密着した多目的施設あることから施設数が多いが，平成の大合併以降，地方自治体の減少により施設数が減少傾向にある。住民の学習を支える図書館および博物館は増加傾向にあるが，微増にとどまっている。また，すべての施設で指定管理者制度の導入が進んでおり，公的社会教育施設に占める割合は全体の約3割になっている。その理由としては，地方自治体の財政難などがあげられるであろう。

表 12 − 1　主な社会教育施設

区分		公民館（類似施設を含む）	図書館（同種施設を含む）	博物館関係施設		青少年教育施設	女性教育施設
				博物館	博物館類似施設		
施設数	2011 年度（H23）	15,399	3,274	1,262	4,485	1,048	375
	2018 年度（H30）	14,281	3,360	1,286	4,452	891	358
	2021 年度（R3）	13,798	3,394	1,305	4,466	840	358
2021 年度公立の施設数		**13,798**	**3,394**	**1,305**	**4,466**	**840**	**358**
指定管理者導入対象の施設数		13,798	3,372	805	3,575	812	271
うち指定管理者導入施設数		1,477	704	214	1,100	376	98
2021 年度公立施設数に対する割合（%）		10.7	20.9	26.6	30.8	46.3	36.2
指導系職員数	2018 年度（H30）	12,334	20,130	5,025	3,378	2,797	455
	2021 年度（R3）	11,795	21,520	5,350	3,686	2,720	455

注：「指定管理者」とは地方自治法第 244 条の 2 第 3 項に基づき，法人その他の団体を管理者として指定できる場合をいう。
出典）令和 3 年度社会教育統計

b.　生涯学習と社会教育

　社会教育は前述したように，学習者，学習内容，学習方法・形態などのあらゆる面で学校教育に比較して柔軟で，多様な活動を展開してきたことから，生涯教育論の提唱以降，社会教育が中心となり積極的に生涯学習の普及・推進に取り組んできた。そして，生涯学習体制が確立されてくるにつれて，学習機会を提供する施設の概念が大幅に拡大され，大きく 4 つに分類される。すなわち，①公民館，公共図書館，博物館などの従来から学習機会を提供している社会教育施設，②校庭開放などの形態で地域住民に開放される学校施設，③保健所などで開催されるエイズ対策講座などのように，教育委員会管轄以外の首長部局に属する行政機関および施設，そして④カルチャーセンターなどに代表される民間教育機関である。生涯学習の視点から捉え直すと，住民が学習できる施設・機関はすべて生涯学習施設なのである。

　生涯学習時代の到来にともなって，社会教育の果たす役割を新たに明確にしておく必要がある。まず，社会教育施設は他の機関・施設と異なり，教育機関

であることから，学習者を指導・支援する専門的職員およびその施設管理者である館長がおり，また子ども・成人のための豊富な学習プログラムを有している。

　したがって，生涯学習時代における社会教育は学習指導における方法論，他の活動団体とのネットワーク組織，学習情報提供など，様々なノウハウを蓄積しており，専門的職員を有していることから，学習者の学習支援および生涯学習全体の連絡・調整を行うという役割を担うことになる。

c. 社会教育の課題

　社会教育行政は戦後教育行政の原則として確立された「地方分権主義の原理」「分離独立の原理」などに基づき，首長部局から独立した教育委員会の下で展開されてきた。しかし，生涯学習体系への移行が本格化するにつれて，生涯学習行政の効率化の視点から，社会教育分野を首長部局と一体で管轄する方向が強化されつつある。2018年の中央教育審議会答申第2部では地域社会を再生するために，公的社会教育施設に新たな役割を求め，さらに他の行政分野との一体運営により質の高い行政が実現できる場合には，特例を設けて，一定の担保措置を条件に首長部局に移管できることが提言された。その後この提言は法制化され，すでにいくつかの自治体で公民館が「特定公民館」に移管されている[8]。「分離独立の原理」の視点から，公的社会教育施設の首長部局への移管の動向を注視していく必要がある。

　さらに，2008年の中央教育審議会答申以降，学校・家庭・地域の連携・協働により地域社会の再生が積極的に提唱・推進されてきた。そして，2015年の中央教育審議会答申ではコミュニティ・スクールの導入による学校と地域との連携・協働体制を築き，総合的な推進方策の方向性が提言された。この流れに呼応するように，2018年10月に文部科学省はこれまでも生涯学習政策局下で課題になっていた学校教育と社会教育との縦割りを克服し，より横断的で，総合的に政策を推進できるように，生涯学習政策局を総合教育政策局に組織再編した[9]。今後生涯学習政策下で学校教育と社会教育の連携・融合がどう進展するのか，また，多様な主体との連携・協働がどのように展開していくか，俯瞰する必要がある。

引用・参考文献

1) 諸岡和房「生涯教育の考え方」．村井実・森昭・吉田昇編『市民のための生涯教育（これからの教育4）』日本放送出版協会，1970年
2) 「リカレント教育」『新社会教育事典』第一法規出版，1983年
3) ジェルピ，E 著，前平泰志訳『生涯教育 —— 抑圧と解放の弁証法』東京創元社，1983年
4) 同上
5) 中央教育審議会答申「生涯教育について」1981年
6) 「地域における家庭教育支援基盤形成事業」文部科学省 HP より作成
7) 長澤成次・手打明敏他「企画4「公民館の移管問題に関する特別プロジェクト」記録とまとめ」『日本公民館学会年報』第19号，2022年
8) 「総合教育政策局の設置について」『文部科学省の組織再編（平成30年10月16日）』（https://www.mext.go.jp/a_menu/other/1410115.htm）（2023年7月10日閲覧）

その他の参考文献

生涯学習審議会答申「社会の変化に対応した今後の社会教育行政の在り方について」1998年
伊藤俊夫他編『新社会教育事典』第一法規，1983年
小池源吾・手打明敏編著『生涯学習社会の構図』福村出版，2009年
佐々木正治編著『生涯学習社会の構築』福村出版，2007年
日本生涯学会編『生涯学習事典（増補版）』東京書籍，1992年
伊藤俊夫編『変化する時代の社会教育』全日本社会教育連合会，2004年
馬場祐治朗編著『二訂 生涯学習概論』ぎょうせい，2018年
中央教育審議会答申「新しい時代の教育や地方創生の実現に向けた学校と地域の連携・協働の在り方と今後の推進方策について」2015年
中央教育審議会答申「人口減少時代の新しい地域づくりに向けた社会教育の振興方策について」2018年

13章

教育行政と教育内容行政

1 | 教育行政とは

a. 教育行政とは

　教育行政とは，いかなる作用であるのか。教育基本法では教育行政について，「国と地方公共団体との適切な役割分担及び相互の協力の下，公正かつ適正に行われなければならない」（第16条第1項）と規定している。国の役割は「全国的な教育の機会均等と教育水準の維持向上を図るため，教育に関する施策を総合的に策定し，実施」（同条第2項）することであり，地方公共団体の役割は「その地域における教育の振興を図るため，その実情に応じた教育に関する施策を策定し，実施」（同条第3項）することである。また，国，地方公共団体ともに「教育が円滑かつ継続的に実施されるよう，必要な財政上の措置を講じなければならない」と規定している（同条第4項）。これらの規定をふまえると，教育行政とは「国及び地方公共団体が教育の振興に必要な施策（教育政策）を策定し，必要な財政的措置を講じて教育政策の実施にあたる行政作用」であると定義づけられよう。

　木田宏は，教育行政の作用を2種類に分類した。一つは国及び地方公共団体が，他者が行う教育活動に対して関与する作用であり，今一つは国及び地方公共団体自らが教育活動を行う作用（実施作用）である。前者はさらに，他者が行う教育活動に対して規制や制限を加える作用（規制作用）と指導・助言・援助などを行う作用（助成作用）に分けることができる[1]。いずれの作用にも，予算の確保や配分といった財政上の措置（財政作用）が必要であり，したがって教育行政は規制作用，助成作用，実施作用，財政作用の4つに分類すること

ができよう。

b. 戦前の教育行政

日本の近代公教育の出発点は, 1872 (明治5) 年に発布された「学制」である。学制では全国を8大学区に分けて各1校の大学を, 大学区を32中学区に分けて各1校の中学校 (全国で256校) を, 中学区を210小学区に分けて各1校の小学校 (全国で5万3760校) を設置すると規定していた。これらの学区は学校設置の単位というだけでなく, 教育行政上の単位ともなっており「全国ノ学政ハ之ヲ文部一省ニ統フ」(第一章) と規定し, 文部省が全国の教育行政を統括するという, 中央集権的な教育行政制度を定めたものでもあった。

教育に関する基本的事項は法律ではなく, 天皇が発する命令 (勅令) により定めるとする勅令主義がとられた。1889 (明治22) 年に発布された大日本帝国憲法では, 教育に関しては「天皇ハ法律ヲ執行スル爲ニ又ハ公共ノ安寧秩序ヲ保持シ及臣民ノ幸福ヲ増進スル爲ニ必要ナル命令ヲ發シ又ハ發セシム」(第9条) という規定に含まれるものとされた。教育は「臣民ノ幸福ヲ増進スル爲」に行われるものであり, 教育については勅令によって定められるとされたのである[2]。さらに1990 (明治23) 年には「教育ニ関スル勅語 (教育勅語)」が発布され, 太平洋戦争終戦に至るまでわが国の教育の根本を規定することとなった。

c. 戦後の教育行政

戦後の教育改革により教育行政も大きく変わり, 法律主義, 地方分権, 一般行政からの独立といった新たな原則のもとで営まれることとなった。

1946 (昭和21) 年に公布された日本国憲法では, 天皇は国及び国民統合の象徴と位置づけられ, その地位は主権を有する国民の総意に基づくと規定され (第1条), 勅令主義は廃止された。国会が唯一の立法機関として位置づけられ (第41条), あらゆる行政は法律に基づいて営まれることとなった。また, 国民が「法律の定めるところにより, その能力に応じて等しく教育を受ける権利を有する」(第26条第1項) ことを明示するとともに, 1947 (昭和22) 年には教育勅語に代わって新たに教育基本法 (旧法) が制定され, 教育の基本方針

を定めることとなった。

　同法では，教育が「国民全体に対し直接に責任を負つて行われるべきもの」（第10条第1項）であり，教育行政が「この自覚のもとに，教育の目的を遂行するに必要な諸条件の整備確立を目標として行われなければならない」（同条第2項）こと，そして教育を実施するにあたって「必要がある場合には，適当な法令が制定されなければならない」（第11条）と規定し，教育行政の法律主義を明示した。

d.　教育委員会制度

　同じ年に制定された地方自治法では，教育が地方公共団体の事務に位置づけられるとともに，翌1948（昭和23）年には教育委員会法[3]が制定され，新たに各地方公共団体に設置される教育委員会が教育行政を担うこととなった。

　教育委員会は「公正な民意により，地方の実情に即した教育行政を行うために」設けられるものであり（教育委員会法第1条），その委員は住民の選挙により選出することとされた（第7条）。また，教育行政の独立性を確保するために，教育委員会に教育委員会規則の制定権（第53条），予算原案送付権（第56条），予算支出命令権（第60条）などの権限が与えられた。予算原案送付権が与えられたことにより，教育行政の独立性が財政面からも図られたという点で意義深いものであったものの，首長（都道府県知事，市町村長）が処理する一般予算との二重構造をもたらすこととなった。

　1956（昭和31）年に教育委員会法は廃止され，新たに「地方教育行政の組織及び運営に関する法律（地教行法）」が制定されて教育委員会制度は大きく変化した。委員の選任方法が住民による公選制から，首長が議会の同意を得て任命する任命制へと変わるとともに（第4条），教育委員会の予算原案送付権などが廃止され，教育財産の取得・処分，教育予算執行などの権限が首長に移された（第22条）。前述の二重構造解消という点では意義があったものの，委員の任命制への変更とも相まって，教育行政の一般行政からの独立という点では後退であるとの批判もあった。

　2011（平成23）年に滋賀県大津市で起こった，いじめを原因とする中学生の自殺への対応をめぐり，教育委員会に対する批判が高まった。これをきっか

けに，教育委員会制度の見直しが進められ，2014（平成 26）年に地教行法が改正された。首長が直接任命する教育長を教育委員会の責任者として置くとともに，地方公共団体の教育政策について協議するために，首長と教育委員からなる総合教育会議を設置するなど，大幅な見直しが図られることとなった。

2 ｜ 国の教育行政

a. 国の教育行政組織

国の行政権は内閣に属し（憲法第 65 条），内閣の長である内閣総理大臣と総理大臣が任命する国務大臣によって構成され，国会に対して連帯して責任を負って（第 66 条，第 68 条），国の一般行政事務や法律の執行，外交関係の処理，条約の締結，予算の作成といった事務を行う（第 73 条）。国の行政事務の能率的遂行のために，内閣統括の下に省，委員会，庁といった行政機関が組織されるが（国家行政組織法第 1 条〜第 3 条），このうち，教育，学術，文化等に関する行政事務を担当するのが文部科学省である。

文部科学省の任務は「教育の振興及び生涯学習の推進を中核とした豊かな人間性を備えた創造的な人材の育成，学術の振興，科学技術の総合的な振興並びにスポーツ及び文化に関する施策の総合的な推進を図るとともに，宗教に関する行政事務を適切に行うこと」（文部科学省設置法第 3 条）である。

b. 文部科学省の任務と組織

文部科学省が処理する事務は，文部科学省設置法第 4 条に 95 項目にわたって規定されているが，その主なものは以下に示すとおりである。

❶ 教育・学術・スポーツ・文化全般に関するもの
・豊かな人間性を備えた創造的な人材育成のための教育改革に関すること（第 1 号）
・スポーツの振興に関する企画・立案・援助・助言に関すること（第 69 号）
・文化に関する基本的な政策の企画・立案・推進に関すること（第 77 号）

❷ 初等中等教育に関するもの

・初等中等教育の振興に関する企画・立案・援助・助言に関すること（第7号）

・初等中等教育のための補助に関すること（第8号）

・初等中等教育の基準の設定に関すること（第9号）

・教科用図書の検定に関すること（第10号）

・教育職員の養成並びに資質の保持及び向上に関すること（第13号）

❸ 高等教育に関するもの

・大学・高等専門学校における教育の振興に関する企画・立案・援助・助言に関すること（第15号）

・大学・高等専門学校における教育の基準の設定に関すること（第17号）

❹ 生涯学習・社会教育に関するもの

・生涯学習に係る機会の整備の推進に関すること（第2号）

・社会教育の振興に関する企画・立案・援助・助言に関すること（第32号）

❺ 地方教育行政に関するもの

・地方教育行政に関する制度の企画・立案，地方教育行政の組織・運営に関する指導・助言・勧告に関すること（第3号）

・地方教育費に関する企画に関すること（第4号）

❻ 学術研究・科学技術に関するもの

・科学技術に関する基本的な政策の企画・立案・推進に関すること（第43号）

・学術の振興に関すること（第46号）

❼ 国際交流に関するもの

・国際文化交流の振興に関すること（第88号）

・所掌事務に係る国際協力に関すること（第93.号）

❽ その他

・法律に基づき文部科学省に属させられた事務（第95号）

文部科学省の組織は，本省に大臣官房と6つの局（総合教育政策局，初等中

等教育局，高等教育局，科学技術・学術政策局，研究振興局，研究開発局）ならびに国際統括官1人を置く（文部科学省組織令第2条）ほか，外局として文化庁とスポーツ庁（文部科学省設置法第13条），日本学士院，地震調査研究推進本部，日本ユネスコ国内委員会などの特別の機関（第9条），さらに各種審議会が置かれている。

c. 審議会

国の行政機関には，「重要事項に関する調査審議，不服審査その他学識経験を有する者等の合議により処理することが適当な事務をつかさどらせるため」（国家行政組織法第8条）に審議会を置くことができる。文部科学省に設置される審議会は，科学技術・学術審議会，国立大学法人評価委員会（以上文部科学省設置法第6条），中央教育審議会，教科用図書検定調査審議会，大学設置・学校法人審議会，国立研究開発法人審議会（以上文部科学省組織令第75条）がある。また文化庁に文化審議会と宗教法人審議会（文部科学省設置法第20条）が，スポーツ庁にスポーツ審議会（文部科学省組織令第91条）がそれぞれ設置されている。

中央教育審議会（中教審）は，文部科学大臣の諮問に応じて重要事項を調査審議するとともに，文部科学大臣または関係行政機関の長に意見を述べることなどを任務としている（第76条）。現在の中教審は2001（平成13）年の中央省庁再編にともない，1952（昭和27）年に設置された従来の中教審を母体として，生涯学習審議会，理科教育及び産業教育審議会，教育課程審議会，教育職員養成審議会，大学審議会，保健体育審議会の機能を統合して設置されたものである。

中教審は，学識経験者から文部科学大臣が任命する30名以内の委員によって組織され，必要に応じて臨時委員，専門委員が置かれる（中央教育審議会令第1条，第2条）。また，教育制度分科会，生涯学習分科会，初等中等教育分科会，大学分科会の4つの分科会が置かれ（第5条），各分野に関する重要事項について調査審議する。さらに必要に応じて部会を置くことができ（第6条），これまでに教育振興基本計画部会，高大接続特別部会，高等学校教育部会，教育課程部会，「令和の日本型学校教育」を担う教師の在り方特別部会な

どの部会が置かれている。

3 ｜ 地方の教育行政

a. 教育委員会の組織と任務と組織

　1で述べたように，戦後の地方教育行政を担う組織として教育委員会が設置された。現在の教育委員会は地方自治法（第180条の5），地教行法（第2条）に基づき設置され，教育長と4人（都道府県，市にあっては5人以上，町村にあっては2人以上でもよい）の委員によって構成される（第3条）。

　教育長は，首長の被選挙権を有し，人格が高潔で，教育行政に関し識見を有する者から，首長が議会の同意を得て任命する（第4条第1項）。教育長は教育委員会の会務を総理し，委員会を代表する（第13条）とともに，教育委員会の会議を招集する（第14条）。改正前の地教行法では，教育長は教育委員の中から委員の互選で選ばれ，教育委員会監督の下に事務を統括することとなっていたが，改正により首長が直接任命する，教育委員会の責任者として位置づけられることになった。

　委員は，教育・学術・文化に関し識見を有する者から，首長が議会の同意を得て任命する（第4条第2項）。任期は教育長が3年，委員が4年でいずれも再任されることができる（第5条）。任命にあたっては，教育長および委員の半数以上が同一政党に属してはならず（同条第4項），また，年齢，性別，職業等が偏らないように配慮するとともに，委員のうちに保護者が含まれるようにしなければならない（同条第5項）。教育長，委員のいずれも，心身の故障のため職務遂行に堪えられない，またはその職に適しない非行がある場合には，首長は議会の同意を得て罷免することができる（第7条第1項）。

　教育委員会の任務は「学校その他の教育機関を管理し，学校の組織編制，教育課程，教科書その他の教材の取扱及び教育職員の身分取扱に関する事務を行い，並びに社会教育その他教育，学術及び文化に関する事務」を管理・執行することである（地方自治法第180条の8）。具体的な職務権限については，地教行法第21条に19項目にわたって規定されているが，主なものは以下に示す

とおりである。

❶ 学校教育に関するもの

・学校その他の教育機関の設置，管理，廃止に関すること（第1号）

・教育委員会及び学校その他の教育機関の職員の任免その他の人事に関すること（第3号）

・学齢生徒・児童の就学，生徒・児童・幼児の入学，転学，退学に関すること（第4号）

・学校の組織編制，教育課程，学習指導，生徒指導，職業指導に関すること（第5号）

・教科書その他の教材の取扱いに関すること（第6号）

・校長，教員その他の教育関係職員の研修に関すること（第8号）

❷ 社会教育，文化，スポーツに関するもの

・青少年教育，女性教育，公民館の事業その他社会教育に関すること（第12号）

・スポーツに関すること（第13号）

・文化財の保護に関すること（第14号）

❸ その他

・教育に関する法人に関すること（第16号）

・教育に関する調査・統計に関すること（第17号）

・広報及び教育行政に関する相談に関すること（第18号）

また，教育委員会の権限に属する事務を処理するために，教育委員会事務局が置かれ（第17条），指導主事，社会教育主事，事務職員等の職員が置かれる（第18条第1項，第2項，社会教育法第9条の2）。

指導主事は，学校における教育課程，学習指導その他学校教育に関する専門的事項の指導に従事する（地教行法第18条第3項）職員であり，教育に関し識見を有し，教育課程，学習指導その他学校教育に関する専門的事項について教養と経験がある者でなければならない（同条第4項）。なお，指導主事には大学以外の公立学校の教員を充てることができる（同項）。

社会教育主事は，社会教育を行う者に専門的技術的な助言指導を与えるとと

もに，学校が社会教育関係団体等の協力を得て教育活動を行う場合には，その求めに応じて必要な助言を行うことを任務としている（社会教育法第 9 条の3）。

b. 首長の権限と総合教育会議

首長は地方公共団体を統轄・代表し，行政事務を管理・執行する（地方自治法第 147 条，第 148 条）。その権限は，議会への議案提出，予算の作成・執行，地方税の徴収，財産の取得・管理・処分，公の施設の設置・管理などである（第 149 条）。

教育行政のうち，首長の権限に属するものとしては，公立大学に関すること，私立学校に関すること，幼保連携型認定こども園に関すること，教育財産の取得および処分，教育委員会の所掌事項に関する契約締結，予算の執行（地教行法第 22 条），特定社会教育機関の設置，管理及び廃止に関すること，学校体育を除くスポーツに関すること，文化財保護を除く文化に関することである（第 23 条）。改正地教行法では，首長が国の教育振興基本計画を参酌して，当該地方公共団体の教育・学術・文化の振興に関する総合的な施策の大綱（大綱）を定めることとなった（第 1 条の 3 第 1 項）。大綱の策定・変更にあたっては，総合教育会議で協議するとともに，速やかにその結果を公表することが義務づけられた（同条第 2 項，第 3 項）。

総合教育会議は，首長と教育委員会により構成され（第 1 条の 4 第 2 項），大綱の策定のほか，教育・学術・文化の振興を図るための重点施策，児童・生徒の生命や身体に被害が生じるといった緊急の場合に講じるべき措置などについて協議・調整を行うために設けられる（同条第 1 項）。総合教育会議は，首長により招集される（同条第 3 項）が，教育委員会が協議が必要と認める場合には，具体的事項を示した上で，首長に招集を求めることもできる（同条第 4 項）。会議で調整された事項については，首長，教育委員会ともにその結果を尊重することが義務づけられている（同条 8 項）。また，会議は原則として公開とされ（同条第 6 項），終了後議事録を作成・公開することとなっている（同条第 7 項）。

大綱の策定，総合教育会議の招集，教育長の任命など，改正地教行法では首

長の権限がより強化されることとなった。ただし，教育委員会が職務権限を有する事務（第21条）に関しては首長が執行権を有するものではないこと（第1条の3第4項）が規定されており，首長の権限に一定の制限を設けることで教育行政の安定性と政治的中立性確保を図っている。

4 ｜ 教育課程行政

a. 教育課程とその法制

『小学校学習指導要領解説　総則編』では，教育課程を「学校教育の目的や目標を達成するために，教育の内容を児童の心身の発達に応じ，授業時数との関連において総合的に組織した学校の教育計画」であるととらえ，教育課程編成の基本的要素として「学校の教育目標の設定，指導内容の組織及び授業時数の配当」をあげている[4]。

教育基本法では義務教育の目的（第5条第2項）を，学校教育法（学校法）で義務教育の目標（第21条）と小学校教育の目的（第29条），目標（第30条）を規定している。指導内容の組織については，学校教育法施行規則（学校法規則　第2節）および学習指導要領で，授業時数については学校法施行規則（別表第一）でそれぞれ規定している。

学校法では「小学校の教育課程に関する事項は，第29条及び第30条の規定に従い，文部科学大臣が定める」（第33条）と規定しており，これを受けて学校法規則では「小学校の教育課程は，国語，社会，算数，理科，生活，音楽，図画工作，家庭，体育及び外国語の各教科，特別の教科である道徳，外国語活動，総合的な学習の時間並びに特別活動によつて編成するものとする」（第50条）と規定している。さらに，「教育課程の基準として文部科学大臣が別に公示する小学校学習指導要領によるものとする」（第52条）と規定しており，学習指導要領が教育課程を編成する上での基準であることを明示している。

実際の教育課程は，各学校が「教育基本法及び学校教育法その他の法令並びにこの章以下に示すところに従い，児童の人間として調和のとれた育成を目指し，児童の心身の発達の段階や特性及び学校や地域の実態を十分考慮して，適

切な教育課程を編成する」[5] こととなっている。

b.　学習指導要領の性格

　最初の学習指導要領が『学習指導要領　一般編（試案）』として旧文部省から示されたのは 1947（昭和 22）年である。表題には「（試案）」と明記され，また序論では「この書は，学習の指導について述べるのが目的であるが，これまでの教師用書のように，一つの動かすことのできない道をきめて，それを示そうとするような目的でつくられたものではない。新しく児童の要求と社会の要求とに応じて生まれた教科課程をどんなふうにして生かして行くかを教師自身が自分で研究して行く手びきとして書かれたものである。」[6] と述べられており，その性格は教育課程編成の基準としてではなく，教師の手引き書として位置づけられるものであった。

　その後，1958（昭和 33）年に学校法規則が改正され，学習指導要領は文部大臣告示として官報に公示されるようになり，その性格は法令と同様の拘束力を持つものとされ，学習指導要領が教育課程編成の国家基準として位置づけられるようになった。学習指導要領の法的拘束力をめぐっては大きな論争となり，「旭川学力テスト裁判」をはじめとする教育裁判における争点ともなった。

　1976（昭和 51）年の旭川学力テスト裁判の最高裁判決では，国が「子どもの成長に対する公共の利益と関心にこたえるため，必要かつ相当と認められる範囲において，教育内容についてもこれを決定する権能を有する」とした上で，当時の学習指導要領の内容が「全国的に共通なものとして教授されることが必要な最小限度の基準」と考えられること，また「教師による創造的かつ弾力的な教育の余地や，地方ごとの特殊性を反映した個別化の余地が十分に残されており」，全国的な大綱的基準としての性格を持つ「必要かつ合理的な基準の設定」として認めることができるとの判断を示した[7]。

c.　学習指導要領の改訂

　学習指導要領は，試案の時代も含めてこれまでほぼ 10 年ごとに改訂されてきた。改訂は中教審の答申に基づいて行われており，現行の小学校学習指導要領は，2016（平成 28）年 12 月の答申に基づいて翌 2017 年 3 月に改訂され，

2020（令和2）年度から実施されている。

　2017（平成29）年の改訂では，「生きる力」を育むという基本方針は旧学習指導要領から引き継ぎつつ，変化する社会を生き抜いていかなければならない子どもたちに，学びを通して実生活で生きる「基礎的な知識・技能」，未知の課題にも対応できる「思考力・判断力・表現力などの能力」，学びを人生に生かすための「学びに向かう力，人間性など」の3つの柱からなる資質・能力を総合的にバランスよく育んでいくことを目指すこととした。また，これらの資質・能力を育むため，「主体的，対話的で深い学び（アクティブ・ラーニング）」の視点からの授業改善を重要視することとした。教育内容に関しては，グローバル化，情報化といった社会の変化に対応するため，外国語活動を小学校3・4年生から実施するとともに，5・6年生では外国語が教科化された。また，論理的な思考力を育むため，新たに「プログラミング教育」が必修化された。

5 ｜ 教科書行政

a. 教科書の法制

　教科書は，法令上は「教科用図書」と呼ばれ，学習指導において中心的な役割を果たす教材である。教科書について，教科書の発行に関する臨時措置法（発行法）では「小学校，中学校，高等学校，中等教育学校及びこれらに準ずる学校において，教育課程の構成に応じて組織排列された教科の主たる教材として，教授の用に供せられる児童又は生徒用図書であつて，文部科学大臣の検定を経たもの又は文部科学省が著作の名義を有するもの」（発行法第2条）と規定している。

　また学校法では「小学校においては，文部科学大臣の検定を経た教科用図書又は文部科学省が著作の名義を有する教科用図書を使用しなければならない」（第34条）と規定しており，検定教科書，あるいは文部科学省著作教科書の使用を義務づけている。なお，特別支援学校，特別支援学級では，検定教科書，文部科学省著作教科書がない場合やこれらの教科書を使用することが適当でな

い場合には，他の適切な教科書を使用することが認められている（学校法附則第 9 条，学校法規則第 89 条，第 135 条第 2 項，第 139 条）。

　2018（平成 30）年に学校法が改正され，「デジタル教科書」が使用できることとなった。デジタル教科書とは，教科書の内容を電磁的に記録した教材であり，児童の教育の充実を図るために必要な場合は教育課程の一部で教科書に代えて使用できる（学校法第 34 条第 2 項）とされた。

b. 教科書検定

　教科書検定とは，民間で著作・編集された図書を文部科学大臣が教科書として適切であるか否かを審査し，合格したものを教科書として使用することを認める制度である。教科書の作成を民間にゆだねることにより，さまざまな創意工夫を凝らした特色ある教科書が作成されることを期待するとともに，検定を行うことにより適切な教科書を確保することをねらいとするものである。

　検定の手続きについては教科用図書検定規則で，また検定の基準は義務教育諸学校教科用図書検定基準（検定基準）で定められており，実際の検定はこれらにしたがって教科用図書検定調査審議会（検定審議会）の審議を経て行われる。検定基準は，教育基本法や学校法に定める教育の目的・目標に一致しているか，学習指導要領に沿ったものになっているか，児童の心身の発達段階に適応しているかといった各教科に共通の基準と，各教科固有の基準からなる。

　検定申請された図書について，検定審議会は学習指導要領や検定基準に基づく審査を行って教科書としての適否を判定し，その結果を文部科学大臣に答申する。文部科学大臣は，この答申に基づいて合否の決定を行う。検定審議会において，必要な修正の後に再度審査を行うことが適当であると認める場合には，合否の決定を留保して検定意見を通知する。検定意見の通知を受けた申請者は，検定意見にしたがって修正した内容を提出し，再度検定審議会で審査を行い，文部科学大臣はその答申に基づいて合否の決定を行う。

c. 教科書の採択と供給

　教科書の採択とは，実際に各学校で使用する教科書を決定する作業である。教科書の採択権は，公立学校の場合は学校を設置する地方公共団体の教育委員

会に，国私立学校の場合には各学校の校長にある（発行法第7条，地教行法第21条）。

　採択の方法については，義務教育諸学校の教科用図書の無償措置に関する法律（無償措置法）で定められている。都道府県立を除く義務教育諸学校で使用する教科書については，都道府県教育委員会が行なう指導・助言・援助（無償措置法第10条）により，教育委員会，校長が教科ごとに1種類の教科書を採択する（第13条第1項）こととなっている。

　市町村立学校の場合には広域採択制度がとられている。これは，都道府県教育委員会が「市町村の区域又はこれらの区域を併せた地域」を採択地区として設定し（第12条），採択地区内の市町村教育委員会が協議して採択地区協議会を設け，その協議の結果に基づき，同一の教科書を採択する（第13条第4項，第5項）制度である。採択後は速やかに，採択した教科書の種類，採択した理由等を公表するよう努めることとされている（第15条）。2022（令和4）年6月現在，採択地区は全国で581地区が設定されている。採択は前年度の8月末日までに行い（無償措置法施行令第14条），同一の教科用図書を採択する期間は4年間となっている（第15条）。

　採択された教科書については，国が毎年度購入して学校の設置者に無償で給付（無償措置法第3条）し，学校の校長を通じて児童・生徒に給与される（第5条）。義務教育諸学校に関しては，国公私立問わずすべての児童・生徒に無償で給付されている。

注釈，引用・参考文献

1) 木田宏監修『教育行政法 三訂』良書普及会，1966年
2) 佐々木正治編著『新教育原理・教師論』福村出版，2008年
3) 旧教育委員会法（https://www.mext.go.jp/b_menu/hakusho/html/others/detail/1318136.htm，2023年7月21日閲覧）
4) 文部科学省『小学校学習指導要領（平成29年告示）解説 総則編』2017年（https://www.mext.go.jp/content/220221-mxt_kyoiku02-100002180_001.pdf）（2023年7月21日閲覧）
5) 文部科学省『小学校学習指導要領』2017年（https://www.mext.go.jp/a_menu/shotou/new-cs/1384661.htm）（2023年7月21日閲覧）
6) 文部省『学習指導要領 一般編（試案）』1947年
　　過去の学習指導要領については，国立教育政策研究所の学習指導要領データ

ベースで閲覧可能である。(http://www.nier.go.jp/guideline/)（2023 年 7 月 21
日閲覧）
7) 1976（昭和 51）年 5 月 21 日　最高裁判所大法廷判決（http://www.courts.
go.jp/search/jhsp0030?hanreiid=57016&hanreiKbn=02）（2023 年 7 月 21 日 閲
覧）

その他の参考文献

佐々木正治編著『新中等教育原理〔改訂版〕』福村出版，2019 年
河野和清編著『教育行政学』ミネルヴァ書房，2006 年
田代直人・佐々木司編著『教育の原理──教育学入門』ミネルヴァ書房，2006 年
仙波克也・佐竹勝利編『教育行政の基礎と展開（教職専門叢書 4)』コレール社，
　1999 年

14章

初等教育教師の採用と職務

1 ｜ 令和の日本型学校教育を目指して

　2022（令和4）年12月19日，中央教育審議会は「『令和の日本型学校教育』を担う教師の養成・採用・研修等の在り方について：『新たな教師の学びの姿』の実現と，多様な専門性を有する質の高い教職員集団の形成」という答申を行った[1]。特別な支援を必要とする子供や，相対的貧困状態におかれている子供が増加するなど，子供の多様な教育ニーズに応答できる学校や教師が求められているのみならず，Society 5.0 およびポストコロナと呼ばれる時代の変化に向き合うことが必要であると指摘されている。2017 ～ 2019（平成29 ～ 31）年に改訂された学習指導要領等の実施，学校における働き方改革，GIGA スクール構想，小学校35人学級の計画的整備，小学校高学年教科担任制の推進といった施策を進めるなか，いわゆる「教師不足」の問題にも取り組みつつ，教師の養成・採用・研修について制度上・運用上の見直しが行われることとなった。

　本章では，現在進められている「令和の日本型学校教育」を実現するための養成・採用・研修などの見直しについて理解を深めるために，教師の養成，採用，配置および校務分掌や研修を含む職務について概括する。初等教育教師に関する基礎的・制度的理解を獲得した上で，2024 年現在の動向の特徴を確認する。

2 | 養成および採用

a. 養成：教員免許状の種類および教職課程

　教師になるためには教員免許状を取得しなければならず，大学に進学して教員免許状を取得するパターンがほとんどである。教員免許状には，普通免許状，特別免許状，臨時免許状の3種類があり，いずれも都道府県教育委員会によって授与される。

　普通免許状は，大学などにおいて文部科学大臣が認める課程（教職課程）において所定の単位を取得し，学士等の資格を満たした上で，書類申請を行うことで授与される。全国の学校で有効である。普通免許状は専修免許状（大学院修了相当），一種免許状（大学卒業相当），二種免許状（短期大学卒業相当）の3つに区分されるが指導可能な範囲に違いはない。

　特別免許状は，普通免許状を有してはいないものの，担当教科に関して専門的知識経験・技能を有しており，社会的信望や熱意と識見を有する者に授与される。授与された都道府県内の学校においてのみ有効である。教育委員会などその者を教師として任命・雇用しようとする者による推薦の上，学識経験者から意見を聴取したのち，教育職員検定を経ることが必要である。

　臨時免許状は，有効な普通免許状を有する者を，合理的な努力において他に採用できない場合に限り，教育職員検定を経て授与される。有効期限は3年間であり，その範囲は授与を受けた都道府県内の学校に限定される。

　免許状取得に求められる教職課程の単位は免許状の種類によって異なるが，ここでは小学校普通免許状を具体例として整理する（表14-1）。表14-1に明らかなように，免許状を取得しようとするならば，教育に関する多種多様な事柄を学ばなければならない。それらの学びの集大成となるのが教育実習である。教育実習は，事前・事後指導の1単位に加えて，幼稚園・小・中学校では4単位（120～180時間：4週間程度），高校では2単位（60～90時間：2～3週間程度）の学修が求められている。教員養成大学・学部においては大学3年の後期，一般大学・学部では大学4年の前期に実施されることが多い。

表14－1　小学校普通免許状の取得に必要な教職課程の単位 [2]

教科及び教職に関する科目	各科目に含めることが必要な事項	専修	一種	二種
最低修得単位数				
教科及び教科の指導法に関する科目	教科に関する専門的事項	30	30	16
	各教科の指導法（情報通信技術の活用を含む）			
教育の基礎的理解に関する科目	教育の理念並びに教育に関する歴史及び思想	10	10	6
	教職の意義及び教員の役割・職務内容（チーム学校運営への対応を含む）			
	教育に関する社会的，制度的又は経営的事項（学校と地域との連携及び学校安全への対応を含む）			
	幼児，児童及び生徒の心身の発達及び学習の過程			
	特別の支援を必要とする幼児，児童及び生徒に対する理解			
	教育課程の意義及び編成の方法（カリキュラム・マネジメントを含む）			
道徳，総合的な学習の時間等の指導法及び生徒指導，教育相談等に関する科目	道徳の理論及び指導法	10	10	6
	総合的な学習の時間の指導法			
	特別活動の指導法			
	教育の方法及び技術			
	情報通信技術を活用した教育の理論及び方法			
	生徒指導の理論及び方法			
	教育相談（カウンセリングに関する基礎的な知識を含む）の理論及び方法			
	進路指導及びキャリア教育の理論及び方法			
教育実践に関する科目	教育実習	5	5	5
	教職実践演習	2	2	2
大学が独自に設定する科目		26	2	2

b．採用：教員採用選考試験

　普通免許状は，大学等において所定の単位を取得し，学士等の資格を満たした上で，書類申請を行うと授与されるが，それだけで教師になれるわけではない。教員採用選考試験に合格する必要がある。教員採用選考試験の実施時期は各地方自治体によって異なっているが，2024年現在では，4～5月に出願，7月に1次試験，8月に2次試験が実施され，9～10月に合格発表・採用内定という流れが一般的である。

その実施形態も各地方自治体によって異なるが，ある程度であれば共通点が見られる。一次試験では，広く社会人としての知識・教養を判断する一般教養，教員としての知識・教養を問う教職教養，指導教科・領域の実践に関わる知識・教養を問う専門教養が課されることが多い。二次試験では，教師としての見方・考え方と同時に文章力を問う小論文，個人・集団面接，集団討論やグループワーク，模擬授業・場面指導・指導案作成，「音楽」「体育」「英語」といった教科に関連する実技等が課される傾向にある。内田クレペリン検査，矢田部ギルフォード性格検査，ミネソタ多面人格目録といった適性検査が行われることもある。

なお，履歴書などの関係書類には，クラブ活動やボランティア活動の概要，各種定期試験の成績等について記入する欄が設けられていたり，自己アピール等の申告書や推薦書の提出が求められたりすることもある。

3 ｜ 職員配置および校務分掌

a. 職員の配置とその職務内容

学校では，教科に直接かかわる教育活動のみならず，さまざまな教育活動がなされている。教師が単独で取り組む活動はほぼなく，ほとんどの場合，全構成員の分業によって対応する。「チームとしての学校」を実現するための協働・連携が必要不可欠だからである。

表14－2は，小学校における教師および職員の配置およびその職務内容についてまとめたものである。配置にある記号は，それぞれ◎＝置かなければならない（必置），○＝特別な事情があるときを除いて原則置かなければならない（準必置），△＝置くことができる（任意），▲＝特別な事情のあるときは置くことができる，という意味である。

これらの職名のうち最も数が多いのが教諭である。「児童の教育をつかさどる」とあるように，毎日の授業のみならず，生徒指導，教育相談，学級経営，教育環境の整備，保護者とのコミュニケーションといった仕事を行うことが期待されており，学校の教育活動のほとんどを直接担っている。校長は全職員の

表 14-2　小学校における教職員の配置および職務内容 [3]

職名	配置	職務内容
校長	◎	校務をつかさどり，所属職員を監督する。
教頭	○	校長（副校長を置く小学校にあっては，校長及び副校長）を助け，校務を整理し，及び必要に応じ児童の教育をつかさどる。
教諭	◎	児童の教育をつかさどる。
養護教諭	○	児童の養護をつかさどる。
事務職員	○	事務をつかさどる。
副校長	△	校長を助け，命を受けて校務をつかさどる。
主幹教諭	△	校長（副校長を置く小学校にあっては，校長及び副校長）及び教頭を助け，命を受けて校務の一部を整理し，並びに児童の教育をつかさどる。
指導教諭	△	児童の教育をつかさどり，並びに教諭その他の職員に対して，教育指導の改善及び充実のために必要な指導及び助言を行う。
栄養教諭	△	児童の栄養の指導及び管理をつかさどる。
助教諭	▲	教諭の職務を助ける。
講師	▲	教諭又は助教諭に準ずる職務に従事する。
養護助教諭	▲	養護教諭の職務を助ける。

総括者であり，学校業務全体を引き受ける責任者である。副校長および教頭は校長を補佐する役割を担っている。すでに教頭という同様の役割を担う職が存在していたが，副校長は学校の組織運営や指導体制のさらなる充実のために導入された職である。また，教諭のなかでも主幹教諭は，児童の教育をつかさどるのみならず，校長および教頭を助けたり，その指示を受けて校務の一部の整理を行ったりする。指導教諭は，他の教員に対して教育指導の改善やその充実のための指導および助言を行う。副校長，主幹教諭，そして指導教諭はいずれも，2008（平成20）年度に新設された職であり，そのねらいは学校の組織運営体制や指導体制の充実を図ることにある。

　養護教諭の職務は，児童の養護をつかさどることであり，栄養教諭は，児童の栄養の指導及び管理をつかさどることであり，事務職員は，事務をつかさどることである。2017（平成29）年の学校教育法改正により，事務職員の職務が「従事する」から「つかさどる」に変更された。事務職員が企画委員会等のメンバーになるなど，より学校運営に携われるようになっている。

b. 校務分掌

　教師はこれらの職務に従事しながら学校における教育活動に携わっているが，これらの職とは独立した，学校運営に必要な分担業務が存在する。いわゆる「充て職」と呼ばれるものである。小学校におけるその名称，配置，充てられる職，そして職務内容については表14−3の通りである。

　充て職は，学校における職務と兼任のかたちで割り当てられるものであり，たとえば，指導教諭が教務主任を充てられたとしても指導教諭としての職務が失われたりするわけではない。なお，中学校の場合，上記に加えて生徒指導主事および進路指導主事が準必置（○）となっている。

4 ｜ 研修

　教師は「自己の崇高な使命を深く自覚し，絶えず研究と修養に励み，その職責の遂行に努めなければならない」[5]とあるが，そのために「研究と修養」，すなわち「研修」の機会が保障されている。一般の公務員にも研修の機会は保障されてはいるが，教師には「勤務場所を離れて研修」を受けることや，「現

表14−3　充て職の名称，配置，充て職，および職務内容[4]

名称	配置	充てられる職	職務内容
教務主任	○	指導教諭又は教諭	校長の監督を受け，教育計画の立案その他の教務に関する事項について連絡調整及び指導，助言に当たる。
学年主任	○	指導教諭又は教諭	校長の監督を受け，当該学年の教育活動に関する事項について連絡調整及び指導，助言に当たる。
保健主事	○	指導教諭，教諭又は養護教諭	校長の監督を受け，小学校における保健に関する事項の管理に当たる。
研修主事	△	指導教諭又は教諭	校長の監督を受け，研修計画の立案その他研修に関する事項について連絡調整及び指導，助言に当たる。
事務長	△	事務職員	校長の監督を受け，事務職員その他の職員が行う事務を総括する。
事務主任	△	事務職員	校長の監督を受け，事務に関する事柄について連絡調整及び指導，助言に当たる。

職のままで，長期にわたる研修を受けることができる」といった特例が与えられている[6]。学校教育を直接的に左右するのは教師であることから，その資質向上のため研修に努めなければならず，国や地方自治体は，教師に充実した研修の機会を提供することが求められているのである。

　2016（平成28）年の教育公務員特例法の一部改正を受けて，公立の小学校等の校長及び教員の任命権者は，文部科学大臣が定めている計画的かつ効果的な資質の向上を図るための「指針」を参酌し，地域の実情や校長および教員の職責，経験，適正に応じて「指標」を定めることとなった。この指標を踏まえるかたちで，研修実施者は，毎年度，体系的かつ効果的に研修を実施するための「教員研修計画」を定めなければならず，任命権者は，研修の受講などの取組状況を「研修等に関する記録」として見える化し，適切な研修を奨励することとなった。

　研修は多種多様である。国レベルでは，独立行政法人教職員支援機構（旧教員研修センター）[7]が実施する研修が挙げられる。各地域の中核となる教員を対象とした研修等を行っている。地方自治体レベルでは，都道府県や政令指定都市に設けられた研修機関（教育センター）などにおいて，原則全教員が対象となる法定研修，教職経験に応じた研修，職能に応じた研修，長期派遣研修，専門的な知識・技能に関する研修，そして指導が不適切な教員に対して行われる指導改善研修が実施されている。長期派遣研修は，民間企業等や大学院に長期派遣されることによって受けられる[8]。

　法定研修には，初任者研修，中堅教諭等資質向上研修，そして指導改善研修の3つがある。初任者研修は，採用された日から1年間の教諭の職務の遂行に関する実践的な研修であり，中堅教諭等資質向上研修は，相当の経験を有し，教育活動その他の学校運営の円滑かつ効果的な実施において中核的な役割を果たすことが期待されている中堅教諭等としての職務遂行に必要な事項に関する研修である。指導改善研修は，任命権者によって指導が不適切であると認定された教員のみを対象とするものであり，1年を超えない期間実施される。

5 ｜ 令和の日本型学校教育における教師の養成・採用・研修

　以上，現行制度における教師の養成から職務までを概括した。上述のように，令和の日本型学校教育を担う教師の養成・採用・研修制度の見直しが進められている。そのすべてに言及することはできないが，いくつかの動向を確認する。

a. 養成

　2024年現在，学生の多様化や民間企業等の採用活動の早期化といった理由から，教育実習を教職課程の終盤に長期間履修することが困難になっている。こういった背景を踏まえ，理論と実践の往還を重視するような教職課程を引き続き目指しつつも，教育実習や教職実践演習の柔軟な履修形式が検討されている。また，特別支援教育を受ける児童数の増加が予想されており，「介護等の体験」において，特別支援学校・学級，通級指導教室での活動機会を増加させることも検討されている。

　多様な専門性を有する質の高い教職員集団の形成が目指されるなか，特定の分野に強みや専門性を持つ教員が求められている。「強みや専門性」の内実として，データ活用，STEAM教育，障害児発達支援，日本語指導，心理，福祉，社会教育，語学力やグローバル感覚などが挙げられている。他にも，2022（令和4）年に小学校高学年における教科担任制がすでに導入されていることから，教科の専門性を高めるのみならず，小学校と中学校の両方の免許状を有する教師を養成することが望ましいとされている。

b. 採用

　民間企業等の採用活動の早期化は，教員採用選考試験の実施時期にも影響を与えており，その早期化・複線化について検討されつつある。昨年度と同様の時期に行われるとは限らない状況にあるため，受験しようとする地方自治体の実施時期に関する情報には注意する必要があるだろう。

　また，強みや専門性を持つ教員を採用するために，採用選考においても多面的な評価を行ったり，免許状を有していながら教職に就いていない者の参加を

促したりすることが検討事項として挙げられている。さらには，特別免許状の運用についても見直されようとしている。現在，理数系教科について特別免許状の授与は少なく，また公立学校での活用が進んでいないとされており，特別免許状の授与手続きを透明化し，より多くの人材を確保する必要があるとされている。

c. 研修

　従来，教員免許は更新制であったが，実施機会が十分に提供されておらず，また形骸化のおそれがあったとして，2009（平成21）年に導入された教員免許更新制は，2022（令和4）年に発展的解消されることとなり，より体系的な研修システムが導入された。学校現場や教育委員会と，教員養成大学・学部，教職大学院とが連携して，より高度な教師を育成すると同時に，いわゆる「教師不足」や「働き方改革」にも取り組む必要性が指摘されている。

　令和の日本型学校教育に向けた動向については，今後を見守るしかないが，本章で確認してきた現行制度における教師の養成から職務までの制度的理解をもとに，初等教育教師を目指してたゆまぬ努力を続けてもらいたい。

引用・参考文献

1) 文部科学省ホームページ「「令和の日本型学校教育」を担う教師の養成・採用・研修等の在り方について～「新たな教師の学びの姿」の実現と，多様な専門性を有する質の高い教職員集団の形成～（答申）（中教審第240号）」(https://www.mext.go.jp/content/20221219-mxt_kyoikujinzai01-1412985_00004-1.pdf)（2023年7月18日閲覧）
2) 教員免許法施行規則第3条より，筆者作成
3) 学校教育法第37条より，筆者作成
4) 学校教育法施行規則第43-47条より，筆者作成
5) 教育基本法第9条
6) 教育公務員特例法第22条
7) 「National Institute for School Teachers and Staff Development」の頭文字をとって「ニッツ（NITS）」と略称されている。
8) 文部科学省ホームページ「教員研修の実施体系」(https://www.mext.go.jp/a_menu/shotou/kenshu/__icsFiles/afieldfile/2019/10/29/1244827_001.pdf)（2023年7月18日閲覧）。

15章

これからの初等教師

1 | 教師論の歴史から見た初等教師の持つべき資質[1]

a. 初等教師の始まり

　大人が子どもを教育するという行為は昔からあった。狩猟生活の時代には，集団でマンモスを追いつめて崖の上から落とす狩りの方法を，子どもは好奇の目で見て自然に理解していった。無意図的な教育である。このような営みの中から意図的に教育を行う教師が生まれ，古代ギリシャではポリスの市民のために，文法・音楽・体操などを教える教師が存在した。

　日本では江戸時代に，庶民の子どもを対象とする寺子屋で「よみ・かき・そろばん」を行う教師である師匠が存在した。寺子屋は多くが小規模で，師匠1人というかたちが多く，子どもたちとの師弟関係は濃密であった。師匠は，ある程度の知識を持つことが前提とされたが，何よりも徳を持ち，人間として深く・広い心を持つ存在である必要があった。

b. 「聖職者」としての教師

　教師は人のモデルとして清く・正しく生きていかねばならない，という考え方がある。これを教師の「聖職者」論という。教師は，他の職業に比べて精神性が高く，天から授けられた職務だというわけである。この考え方は，庶民向けの学校が，西洋においても日本においても教会や寺などの神父・牧師・住職などが本職の傍ら，子どもを教えていたことから始まった。

　日本では，明治期にすべての国民が行く小学校が成立すると，教師を養成する必要が生まれ，各地で師範学校が作られた。また1876（明治9）年には東京

女子師範学校内に幼稚園が開設され，1879年6月に文部省は「幼稚園保姆練習科規則」を設け，同科を同師範学校内に置いた。

師範学校の教育目的は，1886（明治19）年制定の「師範学校令」によれば，「生徒ヲシテ順良信愛威重ノ気質ヲ備ヘシムルコト」である。この時代の教師は，校長などの上司，さらには国家に従順であり，子どもに対して信愛と権威を持って接することが望まれた。師範学校出身の教師は素直で純粋であるが，上からの命令や権威に弱く，目下の者にきついと批判され，「師範タイプ」と揶揄された。教師として一番大事なことは子どもに対する愛情であり，ときには厳しく，ときには優しく接する必要があり，特に幼稚園における教師（戦前は「保姆」と呼ばれた）は，母親のごとき愛情を持って優しく指導することに重点が置かれた。こうしたことから，教師には「子どもへの教育的愛情」が大事だということができる。

c. 「方法」の教師

初等学校の教師は，戦前の中等学校の教師が「学芸の教師」と呼ばれたのに対し，「方法の教師」と呼ばれた。彼らはすべての子どもを対象とし，基礎的な内容を身につけさせるために存在し，そのため教育技術や方法，生徒理解が大事であった。初等学校の教師は，教え方のプロとして養成されたといえる。

一方，中等学校の教師は「自由学芸（リベラルアーツ）」を有産階級の子弟に教育した。彼らは，教える内容を大学などの高等教育機関で学んだが，教師としての教え方を学ぶプログラムは用意されていなかった。そこで中等学校の教師は「学芸の教師」と呼ばれた。

現在の初等学校の教師は，「方法の教師」としての教育技術や生徒理解などと，「学芸の教師」としての学問性や研究方法を合わせ持つことが必要である。

d. 「労働者」としての教師

師範学校で養成された教師は，重要な職務を担う一方，不遇であった。精神的に高い職務の者が金銭のことをいうべきではないとされたのである。しかし教師も生活しなくてはならない。大正デモクラシーの波に乗って，教師も労働の対価としての賃金をもらって生きている労働者であるという考え方が生まれ

た。これを教師の「労働者」論という。

　これは，教師が団結し組合を作る動きにつながる。1919（大正 8）年には啓明会という教員団体が組織され，戦後の 1947（昭和 22）年 6 月には，全国組織である日本教職員組合（日教組）が結成された。日教組は 1951（昭和 26）年に，10 項目に及ぶ「教師の倫理綱領」を発表した。そこには「教師は労働者である」とあり，「教師は学校を職場として働く労働者である。教師は労働が社会におけるいっさいの基礎であることを知るが故に，自己が労働者であることを誇りとする」と解説されている。日教組は，教育労働者として教育に関する研究を行う必要性も認識し，同じ年に，全国の教員の代表が集まって教育実践について検討する全国教育研究大会（教研）を実施した。世界的に見てもユニークな教研は，日教組の分裂以降も各組合で行われている。これは，教師が教育の労働者として，教え方だけではなく「教育全般のプロ」として存在しなくてはいけないことを示している。

2 ｜ 教師の専門性

a.「専門職」としての教師

　これまで，教師は「深く・広い人間性」を前提に，子どもに対する熱い「教育的愛情」を持ち，教え方も含めて「教育全般のプロ」として生きていく必要があると述べてきた。「教育全般のプロ」とは，「方法の教師」と「学芸の教師」の融合である「専門職」としての教師という考え方となる。

　この考え方は，1966（昭和 41）年 10 月に，国際労働機関（ILO）・国際連合教育科学文化機関（UNESCO）が「教員の地位に関する勧告」を特別政府間会議で採択したことから，より重視されるようになった。この勧告の適用範囲は，「保育所，幼稚園，初等学校，中間学校又は中等学校（技術教育，職業教育又は美術教育を行なう学校を含む）のいずれを問わず，中等教育段階の修了までの公私の学校のすべての教員」とされ，「Ⅲ　指導原則」の第 5 項目で，教員の正当な地位や教育職に対する正当な社会的尊厳が教育の目的および目標を完全に実現する上で大きな重要性を持っているとして，第 6 項目で次のよう

に述べられている。

　　6　教育の仕事は専門職と認められるべきである。この職業は厳しい，継続的な研究を得て獲得され，維持される専門的知識および特別な技術を教員に要求する公共的業務の一種である。また，責任をもたされた生徒の教育および福祉に対して，個人的および共同の責任感を要求するものである。

　ここでは，社会的尊厳を得るためにも，教師は継続的研究を行って「専門的知識および特別な技術」を手に入れなくてはならないとされている。

b．教師という仕事の特性

　こうした「専門的知識および特別な技術」を考える際に，教師という仕事の実践上での特性が大切となる。それは「不確実性」「無境界性」「複線性」の3つにまとめられる [2]。

　第一は不確実性である。教師がある実践を試みて，必ず成果が出るという保証はない。医療の場合には，ある医者がある患者に対して投薬や手術を施せば一定の結果が出る。ある程度確実な専門技術や知識が存在するのである。しかし，ある教師がある子どもたちに行った行為を他の教師が行っても，うまくいくかどうかはわからない。教師のキャラクターによる場合もある。

　教育目的が多様で，曖昧であるがゆえ，教師の仕事は不確実性を帯びている。教育の「よさ」という安定した一義的な基準がないのである。時代・国・人によって，教育への価値観は多様である。教育基本法に謳われている「人格の完成」や，1990年代以降文部科学省が唱えてきた「生きる力の育成」も，内容を突きつめると抽象的になり，目的を達成するための教育実践も不確実性を帯びてくる。ただし，不確実性は，教師の自律性を尊重すべきだという考え方の根拠である。不確実な仕事を教師自身が自分で考え，選択して行動することが，創造的な実践につながるのである。

　第二は，無境界性である。教師が教える範囲や責任の境界は不明瞭である。医者は患者に処置を行って病気が治れば仕事は完了するが，教師は担当の教科

や生活指導が終わっても教育が終わったとはいえない。そこに教育の難しさがある。また，教師が教える内容の範囲にも境界がない。知識を与えることが教育だという考えは，教育を狭義にとらえているといわれても仕方がない。たとえば，放課後，コンビニの前にたむろして迷惑がられる子どもたちは，学校や教師に責任があるのだろうか。このようなことも，熱心な学校・教師であればあるほど抱え込み，境界がどんどん広がることになる。それが教師のオーバーワークにつながる危険性もある。しかし無境界性は，教師の意欲次第で多くのことに取り組めるという性格も持つ。

　第三は複線性である。教師は，教科指導から道徳・特別活動の指導，生徒・生活指導に至るさまざまな仕事を同時に行っている。教師の仕事は，子どもに対する教育活動だけではなく，校務分掌や事務仕事，保護者への対応など，本当に幅広い。特に日本では，戦前から教師への期待が大きく，学校は子どもに知識・技能を与えるだけではなく，トータルな人格形成が期待されていた。地域という観点においても，学校は中核に位置づけられ，教師は地域の指導者層として位置づけられていたのである。

　多様な仕事が予期せぬかたちで一度に押し寄せてきがちな教師の仕事はせわしない。しかし，複線性は，無境界性と同様に，多面的に子どもの教育にあたれることを意味する。子どもに対してさまざまな手助けをしているという充実感の中で，教師としてのやりがいや手応えをつかむ可能性も含んでいる。

c.　専門性の充実

　教師の仕事を次のような「専門職」としてとらえる考え方が生まれている。
　1996（平成8）年にUNESCO第45回国際教育会議で採択された「教師の役割と地位に関する勧告」では，教師の役割を以下のようにまとめている[3]。

　　　教師は，教育し，教授し，指導し，評価するとともに，自らの自己開発能力を伸ばし，学校の現代化と変化への積極的な対応と，変化を受容する学校づくりに参加することが期待される。教師は学習を援助するだけでなく，市民性の育成と社会への積極的な統合を促進し，好奇心，批判的思考と創造性，自発性と自己決定能力とを発達させなければならない。教師の

役割はますます，集団における学習の援助者（ファシリテーター）という役割となるだろう。さらに，他の情報を提供する機関や社会化機関が果たす役割が増大する中で，教師は，道徳的，教育的指導の役割を果たし，学習者がこの大量の情報と様々な価値観の中で，自分の位置を確かめられるようにすることが期待される。共通の教育目標に向かって，さまざまなパートナーによって供せられる教育活動のまとめ役として機能することを通して，現代の教師は，コミュニティにおける変革の効果的な担い手となるだろう。

この勧告によれば，教師の役割は，教育活動，研修と変化への積極的対応，学校づくりへの参加の3つがある。これらを遂行する中で教師の専門性が以下のように発揮されることが求められている。

1つめは，教育を単に知識の伝達とせず，市民性・社会性を育てながら，批判的で創造的な学びを組織する力量を期待していることである。勧告では「学習の援助者（ファシリテーター）」と呼んでいる。

2つめは，生徒が生徒の位置を確かめられるようにする「教育的な指導」を求めていることである。この規定は，教師がガイドとなる点に特質がある。教師が生徒の基準となって特定の価値観を押しつけるのではなく，子ども自身がどこにいるのか「確かめられるようにする」と述べている。

3つめは，教師にコミュニティにおける政治的決定への参加を求めていることである。学校外の諸機関との連絡調整，自己の研修プログラムの決定への参加など，地域の中で子どもを育てていく際の一員としての役割が期待されている。地域の一員とは，教師を政治的に決定された下請け的な遂行者ではなく，政治的決定に参加する一員と位置づけるということである。

さらに勧告は，以上の役割と専門性を発揮できるように，教員養成段階から重視すべき点を3つ挙げ，そこにも専門職としての教師の教養のあり様を示している。それは，「教えるべき内容とその教授・学習方法への精通つまり実践的教育学的熟達」「専門的資質を更新し続けるために教育の実験的試みに積極的に参加すること」「対話と共生による問題解決の力，文化的多様性への考慮，環境問題などの自然の尊重などといったスキルを高めること」である。

　ユネスコは，「21世紀の教育の目的と学びの姿を再考するハイレベル専門家会合」を設置し，その議論の成果を"Rethinking Education（教育を再考する）"というレポートに整理して2015年に発表した[4]。その「第二章　ヒューマニズムの再興」には，「知識基盤社会での教育者の役割」という項があり，「情報技術の潜在的可能性を考慮すると，絶え間なく拡大続ける知の迷宮を開発して前進するために，教師は幼児期から生涯にわたる学びの案内人としての役割を担わなくてはならない」（p.52）と教師の役割を説明している。さらに，「知識と情報の量的拡大は，当初，教育専門職の役割を徐々に失わせるとすら考えられてきた。また，知識の伝達とアクセスを向上させ，教育機会の劇的な拡大を低コストで具体化する新たなデジタル技術が教職に置き換わるとまで主張されてきた」（p.52〜53）と教師の役割が限定化するとされてきた状況を記した上で，「しかし，現在では，これらの主張を支える根拠は存在していない。教育の専門性は，効果的な学びを実現するために，すべての国々で引き続き教育政策上の優先事項でなくてはならない」（p.53）と教師の専門性について，強く訴えている。

d. あるべき教師像

　日本においても，教育に関する審議会が新たな時代における教師像を示してきており，そこから教師の専門性が読み取れる。

　20世紀末には，1997（平成9）年の教育職員養成審議会第一次答申「新たな時代に向けた教員養成の改善方策について」において，21世紀を見据えた教師の資質能力の例が示された。

　その後いくつかの答申などで教師の資質能力が示されたが，ここでは2021（令和3）年1月に発表された中央教育審議会答申「「令和の日本型学校教育」の構築を目指して 〜全ての子供たちの可能性を引き出す，個別最適な学びと，協働的な学びの実現〜」[5]を見てみよう。

　この答申には，「第Ⅰ部　総論」の「3. 2020年代を通じて実現すべき「令和の日本型学校教育」の姿 」という章があり，その（2）には，「教職員の姿」が次のように示されている。

　○教師が技術の発達や新たなニーズなど学校教育を取り巻く環境の変化を前向きに受け止め，教職生涯を通じて探究心を持ちつつ自律的かつ継続的に新しい知識・技能を学び続け，子供一人一人の学びを最大限に引き出す教師としての役割を果たしている。その際，子供の主体的な学びを支援する伴走者としての能力も備えている。

　○教員養成，採用，免許制度も含めた方策を通じ，多様な人材の教育界内外からの確保や教師の資質・能力の向上により，質の高い教職員集団が実現されるとともに，教師と，総務・財務等に通じる専門職である事務職員，それぞれの分野や組織運営等に専門性を有する多様な外部人材や専門スタッフ等とがチームとなり，個々の教職員がチームの一員として組織的・協働的に取り組む力を発揮しつつ，校長のリーダーシップの下，家庭や地域社会と連携しながら，共通の学校教育目標に向かって学校が運営されている。

　○さらに，学校における働き方改革の実現や教職の魅力発信，新時代の学びを支える環境整備により，教師が創造的で魅力ある仕事であることが再認識され，教師を目指そうとする者が増加し，教師自身も志気を高め，誇りを持って働くことができている。

　一つ目の○では教師として生涯を通じての学修が必要であること，二つ目の○でいわゆる「チーム学校」における教師のあり方，そして三つ目の○で創造的で魅力ある仕事であること，を示している。

　一方，教育公務員特例法第22条の2第1項の規定に基づいて策定されていた「公立の小学校等の校長及び教員としての資質の向上に関する指標の策定に関する指針」は，2022（令和4）年8月に改正された。その中では，各自治体が指標の内容を定める際の柱を，次の5項目に整理した。①教職に必要な素養，②学習指導，③生徒指導，④特別な配慮や支援を必要とする子供への対応，⑤ICTや情報・教育データの利活用である。

　ここで大事なのは，文部科学省が一律にあるべき教師像を示すのではなく，地方の各自治体が，その地域の実情に合わせて①から⑤の観点をもとに，それぞれの資質の向上に関する指標を策定することになったことである。これは2017（平成29）年3月に策定されたもともとの「指針」にあった7つの観点

をさらに大くくりにしたもので，より各自治体の実情にあわせた指標の策定が
認められることになったのである。

e．幼児教育を担う教員の専門性

　続いて，幼児教育を担う教員の専門性について見てみよう。保育教諭養成課
程研究会は，「令和2年度　幼児教育の教育課題に対応した指導方法等充実調
査研究　－幼稚園における指導の在り方等に関する調査研究－『幼児教育を担
う教員に求められる資質・能力と研修モデル』（試案）」[6]において，専門性
を7つの視点として示している。この視点は，「令和2年度の文部科学省委託
研究にて作成した，これまで教育委員会等で行われてきた研修を一覧した表
「研修項目一覧」（『幼稚園教諭・保育教諭のための研修ガイドⅥ』p.86参照）
の中項目を資質・能力の視点から分類整理したもの」であるとされる。

　A．幼児理解を深め，一人一人に応じる資質・能力
　B．保育を構想する資質・能力
　C．豊かな体験をつくり出す資質・能力
　D．特別な配慮を必要する子供を理解し支援する資質・能力
　E．他と連携し，協働する資質・能力
　F．カリキュラム・マネジメントの資質・能力
　G．自ら学ぶ姿勢と，教師としての成長（リーダーシップを含む）

　最後のGは資質・能力とはいえないが，報告書は「幼児一人一人を理解し，
様々な役割を果たしながら豊かな体験を提供し，幼児の学びを深めていくため
には，教師自身も幼児の主体的に学びを支援する専門家としての能力をもち，
キャリアステージに応じて資質向上に努めることが重要であ」るとしている。
　乳幼児とともに，幼児期の教育が，人を育てる最も大事な部分であるだけに，
その仕事に携わる者は，幼児教育に関する多方面の知識と技術とを総合的に学
習する必要性が示されているといえよう。

f. 技術的熟達者と省察的実践家としての教師

　さらに現在，専門性を持つ教師像として，「技術的熟達者」と「省察的実践家」という2つの考え方が位置づけられている。

　省察的実践家としての教師像は，アメリカのショーン（Schön, D. A. 1930-1997）によって提唱された[7]。彼は，これまで教育実践は，教授学や心理学によって明らかにされてきた原理や技術の教育場面への合理的適用という技術的実践としてとらえられ，教師はそれらの原理や技術に習熟した技術的熟達者とされてきたとする。しかし，それだけで教師による実践は完結するのかと彼は問う。

　すぐれた木彫り職人は，たとえば欄間を作る際に，目の前の檜を見た瞬間に樹齢や硬さを判断し，何十種類もある道具の何をどのような順番で使って削っていくかという流れを一瞬でつかむ。こうした判断ができるのは，自分の経験を適用するからである。「職人には経験がなにより大事」ということである。

　しかし，ベテラン教師が「かつて授業中に男の子の一人が暴れだしたとき，私はこういう対応をとった」からと，経験に当てはめただけで授業・教育ができるであろうか。授業中に教師がまったく予期していないことが起こることは珍しくない。すぐれた教師は，今起こっている状況をすばやく察知し，子どもたちの思っていることに対して，その場で適切な判断をし，創造的に対応するのである。子どもがさまざまに考えていることが授業の中で渦巻く様子を注意深く見て，積極的にそれにかかわり，解決へと導いていくのである。教師が瞬時の判断と必要な選択を次々に行うこと，言い換えれば，授業という複雑な状況を即興的に認識し，即興的に判断して対応することから，ショーンは「省察的実践」と名づけた。

　もちろん教師には技術的熟達者としての側面も必要である。子どもが多様で，その時々の状況も異なる中で，子どもの成長を願って教育実践を行う。多様であるゆえの困難はあるが，魅力的な仕事である。試行錯誤をくりかえしながら創造的な実践に挑戦する気持ちが大事なのはいうまでもない。その中で教師も成長していくのである。

3 ┃ 初等学校の教師とは

a. 小1プロブレム

　小1プロブレムとは，小学校に入ったばかりの子どもが，授業中に座っていられなかったり，集団行動がとれなかったりする状態が続くことをいう。東京都教育委員会が2013（平成25）年に発表した「小1問題・中1ギャップの予防・解決のための『教員加配に関わる効果検証』に関する調査　最終報告書」によれば，2008年から2012年にかけて，おおよそ20％の小学校で第1学年児童の不適応状況が発生した，としている[8]。

　文部科学省は，2017（平成29）年3月に発表された幼稚園教育要領[9]において，その対策を示している。それは，「第1章　総則」の「第3　教育課程の役割と編成等」の「5　小学校教育との接続に当たっての留意事項」であるが，以下の2つを掲げている。

　(1) 幼稚園においては，幼稚園教育が，小学校以降の生活や学習の基盤の育成につながることに配慮し，幼児期にふさわしい生活を通して，創造的な思考や主体的な生活態度などの基礎を培うようにするものとする。

　(2) 幼稚園教育において育まれた資質・能力を踏まえ，小学校教育が円滑に行われるよう，小学校の教師との意見交換や合同の研究の機会などを設け，「幼児期の終わりまでに育ってほしい姿」を共有するなど連携を図り，幼稚園教育と小学校教育との円滑な接続を図るよう努めるものとする。

b. 幼稚園，そして小学校の教師

　小1プロブレムを取り上げたのは，幼稚園（今では，認定こども園も含めて考えた方がよいだろう）と小学校の教育目標や内容が異なることに起因する問題で，教師の資質にも関係があると思われるからである。

　まず幼稚園と小学校の違いを整理しよう。2010（平成22）年3月19日に開催された第1回「幼児期の教育と小学校教育の円滑な接続の在り方に関する調査研究協力者会議」（以下「会議」と略す）において文部科学省が配布した「幼児期の教育と小学校教育の接続について」という資料から、「幼稚園・小学校教育の特徴（違い）」を表15－1として掲げた。この表は、「教育のねらい」「教育課程」「教育の方法等」の観点からの違いを示しており、それぞれ「方向←→到達」「経験←→教科」「個人，友達，小集団←→学級・学年」と対比させている。

　また同資料は、幼稚園の教育は「環境を通して行う」ことが基本で、発達の段階を考慮し「遊びを通して総合的な指導」をすることが特徴であるとする。一方、小学校の教育は、「学問の体系」を背景にした教科に基づいて行うことが基本で、教科等の目標・内容に沿って選択された教材をもとに指導することになる。教師に着目すれば、幼稚園の教師は環境構成をどう援助するかが大事で、小学校の教師は教材をどう選択して指導するかが大事ということになる。

　これらをふまえたうえで「会議」の報告は、幼稚園と小学校（特に低学年）の教育には「直接的・具体的な対象とのかかわりを重視している」という共通点があるとする。自分や人、自分やものとのかかわりに関して、たとえば「○○ちゃん」「おもちゃ」「砂場」といった具体的な人やものとのかかわりで認識を深めていくというのである。したがって、教師は、そのような具体的な人や事物、状況のかかわりがより豊かになるように意識して、子どもの知的好奇心、興味や関心を喚起する必要があるのである。

表15－1　幼稚園・小学校教育の特徴（違い）[10]

	幼稚園	小学校
教育のねらい・目標	・方向目標 （「〜味わう」「感じる」等の方向づけを重視）	・到達目標 （「〜できるようにする」といった目標への到達度を重視）
教育課程	・経験カリキュラム （一人一人の生活や経験を重視）	・教科カリキュラム （学問の体系を重視）
教育の方法等	・個人，友達，小集団 「遊び」を通じた総合的な指導 教師が環境を通じて幼児の活動を方向づける	・学級，学年 教科等の目標・内容に沿って選択された教材によって教育が展開

小1プロブレムの解決のために「会議」の報告では，幼稚園が「今の学びがどのように育っていくのかを見通」し，小学校が「今の学習がどのように育ってきたのかを見通」すことの重要性を指摘している。幼稚園と小学校の相互の関係性の重視である。教師はこのような流れの中で教育を考える必要があるといえよう。

c.　中学校・高等学校の教師の違い

次に，中学校・高等学校という中等教育と対比して，初等学校の教師の特徴を考えてみよう。

1つめは，教育目的の違いである。初等学校は教育の最初の段階で，幼稚園は「学びの芽生え」としての教育，小学校では基礎的な教育を目標とする。一方，中等学校は完成教育をめざし，社会で一人前に働き，生活できるようにすることが目標となる（現在，高等学校を卒業した2割の子どもが社会に旅立っている）。つまり，初等学校の教師は，将来を見据え，子どもがどのような職業に就いても大丈夫な，基礎的・基本的な教育を行うのである。

2つめは，教育内容の違いである。初等学校では普通教育が行われる。幼稚園では環境・遊びからの，小学校では教科を中心にした普通教育である。中等教育ではこれに職業教育がつけ加えられる。もちろん初等学校においても，将来を見据えた「キャリア教育」の基礎は大事である。

3つめは，教師のあり方に関連する担任制の違いである。2022年4月より高学年において教科担任制が導入されたが，原則，初等学校では，幼稚園（認定こども園も含む）も小学校も学級を中心に指導が行われる学級担任制である。一方，中等学校の教師は，教師一人一人が教科を受けもつ教科担任制である。この違いは，教師が子ども一人一人とのより深い関係をつくる人間関係性と，教科の内容が高度になっていく専門性と関係する。人間関係性は初等学校においてより重要であり，専門性は中等学校以上でより必要であるということになる。

このような違いをふまえたうえで，初等学校の教師は，基礎・基本の普通教育をあらゆる面から行い，子どもと深い関係性を持つ必要がある。

d. これからの教師

ただし，初等学校の教師に「深い関係性」だけで終わってほしくはない。初等学校の教師だからこそ，教育そのものに深い関心を持ってほしいのだ。

なぜ初等学校の教師になりたいのかと学生に問うと，「子どもが好きだから」という答えが出てくる。ところが，教育実習などを経験するとわかってくるが，子どもにも大人同様にずるいところや嫌らしいところがあるし，大人以上にはっきり現れる場合もある。そういう部分を含めて「子どもが可愛い」と思えるためには，子どもについての多方面の知識や，育てるための技術が大切となる。

そのためには「実践記録を書く」ことを提案する。自分が行った授業などを記録し，それをもとに自分の教育活動を振り返るのである。つまり，自分の実践を客観的に見るのである。腕を磨くためには，自己を対象化し，点検・反省しなくてはいけない。さらに，幼稚園や小学校で，自分の実践や授業を見てもらえる仲間を作り，あなたの実践を評価してもらおう。これを「同僚評価」という。また，子どもにも評価してもらおう。幼稚園児であっても，「○○は楽しかった？」「どうすればもっと楽しくできると思う？」と口頭で聞いてみるとよいだろう。

教師は，子どもたちや仲間である同僚教師，そして親や地域住民とともに今を生きている。皆で学び合うことで，教師は成長するのである。

注釈，引用・参考文献

1) 第1節を詳細に論じたものとして，「第10章 求められる教師像」（佐々木正治編著『新教育原理・教師論』福村出版，2008年）がある。また，「第13章 これからの中等教師」（佐々木正治編著『新中等教育原理』福村出版，2019年）も参照のこと。
2) 「不確実性」「無境界性」に関しては，曽余田浩史他編著『ティーチング・プロフェッション──21世紀に通用する教師をめざして』（明治図書出版，2002年）を，それに加えて「複線性」については，秋田喜代美・佐藤学編著『新しい時代の教職入門』（有斐閣，2006年）を参照した。
3) 以上の訳は，河内徳子（訳）「教師の役割と地位に関するユネスコ勧告〈資料〉「ユネスコ第45回国際教育会議宣言」」（『教育』1997年4月号，国土社）に所収された訳に基づき，子安潤が必要に応じて変えたものである。また勧告に関

する内容についても，子安潤「教師の教養」（愛知教育大学共通科目研究交流誌『教育と教養』第 2 号，2002 年）を参照した。

4)「はじめに」．日本教師教育学会第 10 期国際研究交流部・百合田真樹人・矢野博之編訳著『ユネスコ・教育を再考する――グローバル時代の参照軸』学文社，2022 年

5) 文部科学省「『令和の日本型学校教育』を担う教師の養成・採用・研修等の在り方について～『新たな教師の学びの姿』の実現と，多様な専門性を有する質の高い教職員集団の形成～（答申）」（https://www.mext.go.jp/b_menu/shingi/chukyo/chukyo3/079/sonota/1412985_00004.htm）（2023 年 5 月 21 日閲覧）

6) 文部科学省「Ⅱ　幼稚園教諭に求められる資質能力と教員養成段階に求められること」（https://www.mext.go.jp/component/a_menu/education/detail/__icsFiles/afieldfile/2017/05/19/1385791_5.pdf）（2023 年 5 月 21 日閲覧）

7) 省察的実践家としての教師については，以下の文献を参照した。
秋田喜代美「教師教育における「省察」概念の展開」．森田尚人他編『教育と市場（教育学年報 5）』世織書房，1996 年
ショーン，D. 著，佐藤学・秋田喜代美訳『専門家の知恵――反省的実践家は行為しながら考える』ゆみる出版，2001 年
また，技術的熟達者との対立関係・相互補完関係に関しては，石井英真「教師に求められる専門的力量とは何か」（西岡加名恵他編著『教職実践演習ワークブック――ポートフォリオで教師力アップ』ミネルヴァ書房，2013 年の第 1 章所収）を参照した。

8) 東京都教育委員会「第 1 回　小学校教育の現状と今後の在り方検討委員会」（https://www.kyoiku.metro.tokyo.lg.jp/administration/council/sonota/files/primary_school_committee/siryou1.pdf）（2023 年 5 月 21 日閲覧）

9) 文部科学省「幼稚園教育要領」（https://www.mext.go.jp/content/1384661_3_2.pdf）（2023 年 5 月 21 日閲覧）

10) 平成 22 年 3 月 19 日開催の第 1 回「幼児期の教育と小学校教育の円滑な接続の在り方に関する調査研究協力者会議」における配付資料「幼児期の教育と小学校教育の接続について」（http://www.mext.go.jp/b_menu/shingi/chousa/shotou/070/gijigaiyou/__icsFiles/afieldfile/2010/06/11/1293215_3.pdf）（2013 年 9 月 4 日閲覧）

人名索引

事 項 索 引

編著者

佐々木　正治　広島大学名誉教授
（さ さ き　まさ はる）

著　者〈執筆順，（　）は執筆担当箇所〉

岡谷　英明　（1章）高知大学
（おか たに　ひで あき）

小林　万里子　（2章）文部科学省
（こ ばやし　ま り こ）

三時　眞貴子　（3章）広島大学
（さん とき　まき こ）

梶井　一暁　（4章）岡山大学
（かじ い　かず あき）

田代　高章　（5章）岩手大学
（た しろ　たか あき）

福田　敦志　（6章）広島大学
（ふく だ　あつ し）

上寺　康司　（7章）福岡工業大学
（かみ でら　こう じ）

伊藤　一統　（8章）宇部フロンティア大学短期大学部
（い とう　かず のり）

佐々木　正治　（9章）編著者
（さ さ き　まさ はる）

清國　祐二　（10章）大分大学
（きよ くに　ゆう じ）

松原　勝敏　（11章）高松大学
（まつ ばら　かつ とし）

赤木　恒雄　（12章）倉敷芸術科学大学名誉教授
（あか ぎ　つね お）

高橋　正司　（13章）岐阜女子大学
（たか はし　まさ し）

平田　仁胤　（14章）岡山大学
（ひら た　よし つぐ）

大矢　一人　（15章）藤女子大学
（おお や　かず と）

新初等教育原理〔改訂版〕

2024 年 2 月 10 日　初版第 1 刷発行

編著者　　佐々木 正治

発行者　　宮下 基幸

発行所　　福村出版株式会社

〒 113-0034　東京都文京区湯島 2-14-11
電話　03-5812-9702　FAX　03-5812-9705
https://www.fukumura.co.jp

本文組版　朝日メディアインターナショナル株式会社

印　　刷　株式会社文化カラー印刷

製　　本　協栄製本株式会社